KB096505

잠들기 전에 읽는
니체

잠들기 전에 읽는
니체

Nietzsche,
Friedrich Wilhelm

예저우 지음 | 정호운 옮김

오렌지연필

Prologue

Nietzsche

100여 년 전의 독일에 이런 사람이 있었다. 때로는 광기에 가까운 모습을 보였지만 세속에 휩쓸리지 않는 고결한 의지와 품행을 갖춘 당대의 위대한 철학가. 시인이자 산문가, 언어학자였으면서 또한 이런 타이틀의 한계를 훨씬 초월한 사람……. 바로 프리드리히 빌헬름 니체(Friedrich Wilhelm Nietzsche)다.

19세기 독일의 대표 철학가 니체는 작센주 뢰첸 근교의 레켄 마을에서 목사 아들로 태어났다. 고등학교 졸업 후 본(Bonn)대학의 신학과에 입학했다가 얼마 지나지 않아 고전언어학으로 전공을 바꾸었다. 대학 졸업 후에는 스위스 바젤대학에서 고전언어학 교수직을 맡았는데 정신분열증을 앓으면서 교직을 그만두었다. '권력에의 의지설'을 제기하고 '초인(超人)'의 철학을 주장한 니체는 현대 반이성주의의 선구자로 추앙받았다. 저서로《비극의 탄생》,《인간적인 너무나 인간적인》,《아침놀》,《차라투스트라는 이렇게 말했다》,《선악의 저편》,《반그리스도》,《권력에의 의지》등이 있다.

니체를 가리켜 사상의 독으로 인간을 썩게 만드는 사악한 악마라고 힐난하는 사람도 있었지만, 독실한 기독교 성자처럼 바르게 처신하고 성품이 올곧은 순결한 천사라 극찬하는 이도 있었다.

사실, 많은 이가 니체에게 사로잡혔다. 그의 저서를 펼쳐 드는 순간, 모두가 공인하는 기존의 관념을 가볍게 뒤엎는 그의 비범한 용기와 예리한 통찰력에 감탄하지 않을 수 없기 때문이다. 그는 세상의 모든 미덕을 비웃고 온갖 사악함을 찬양했다. 그가 인류에게 선사한 것은 단지 하나의 철학적 개념 또는 시구나 경구 같은 것이 아니라 지혜로운 사상과 인간에게 매우 소중한 정신의 양식이다. 니체의 사상은 한 세기가 넘는 동안 현대인의 정신적 삶에 지대한 영향을 미쳤다.

이 책은 인간이 평생을 살아가면서 반드시 직면하게 되는 여러 핵심 문제를 짚었다. 천재 철학가 니체의 저서에 담긴 가장 대표적인 명언과 경구에서부터 그의 사상과 '미치광이 같은 말'에 이르기까지 상세히 분석하여 현실과 연결시켜 해석했다. 이를 통해 인생의 지혜를 얻고 마음을 강하게 하여 곤경에서 벗어나는 방법을 모색하고자 한다.

Chapter 2
니체가 말하는 사고란; 세속적인 통념을 깨부숴라

Chapter 3
니체가 말하는 고난이란; 자신을 태양이 되게 하라

Chapter 4
니체가 말하는 진실한 감정이란; 행복의 비법을 찾아라

Chapter 5
니체가 말하는 사회생활이란; 교제의 룰을 지켜라

Chapter 6
니체가 말하는 품격이란; 인성의 빛을 발산하라

Chapter 7
니체가 말하는 일하는 법이란; 행동으로 말하라

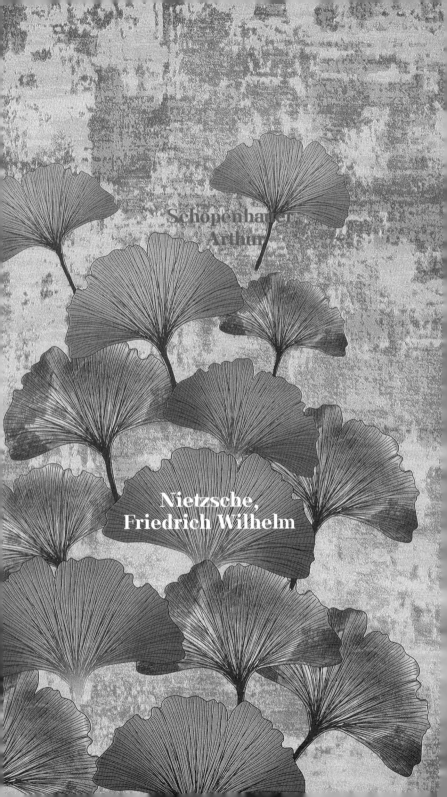

Schopenhauer,
Arthur

Nietzsche,
Friedrich Wilhelm

Chapter 1

니체가 말하는 심성이란;
마음을 강하고 단단하게 담금질하라

니체는 평생을 많은 고난과 시련 속에서 살았다. 어린 나이에 가족들이 잇달아 세상을 떠나는 아픔을 겪으면서 인생의 어두운 면을 지나치게 일찍 깨달았고 우울한 성격을 갖게 되었다. 그러나 좌절과 역경 앞에서도 그는 언제나 강인했다. 혹자는 말한다.

"사람은 삶을 지배할 수도 있고 삶에 지배당할 수도 있다. 말이 되느냐 기수가 되느냐는 자신의 마음가짐에 달렸다."

니체는 마음이 강했기에 불우한 어린 시절을 겪고도 세상의 거인이 될 수 있었다. 강한 마음은 인생에서 가장 큰 힘이다.

직감의 힘을
활용하라

Nietzsche
총명한 사람은 자신을 잘 통제하면 아무것도 잃지 않는다.

왜 니체의 철학에 엄청난 가치가 있는 것일까? 우선 니체는 계몽운동의 핵심 사상을 계승하여 철학에 현대적 의식의 각성을 반영했다. 인생의 가치를 적극적으로 긍정하는 그의 사상은 사람들이 인생의 의미와 가치를 생각하고 인생을 새롭게 정의하도록 만들었다. 또한 도구적 이성과 산업 문명에 대한 부정적인 비판은 현대 반이성주의 운동, 즉 인간 이성 비판을 통한 인간 자신의 정체에 대한 철학적 해명 운동을 일으키는 계기가 됐다.

한편 이성을 비판하고 전통을 부정하는 니체의 철학에는 단편적인 면도 존재한다. 이는 바로 포스트모더니즘이 주목한 부분이다. 그의 윤리 사상은 한창 형성되고 있던 독점 자산 계급의 이익을 반영했기 때문에 지난 100여 년간 줄곧 사람들에게 지극히 추앙받았다.

니체는 인간의 심리 활동을 언급하면서 이성의 힘이 사실 생각하는 것만큼 그리 크지 않다고 말했다. 심리 활동 가운데 이성이 감지하는 것은 단지 매우 작은 부분이며, 그러한 심적 활동의 규칙은 다른 요소의 제어를 받는다는 것이다.

니체의 이런 관점은 철학자로서의 사변과 명상을 통해 도출한 것이지만 오늘날의 심리학 연구 성과와 놀랍게도 일치한다.

직감과 잠재의식(또는 무의식)은 밀접한 관계가 있다. 심리학자들은 수많은 실험으로 양자 사이에 밀접한 관련이 있음을 재차 입증했다. 이 실험 결과를 보자면, 우리가 일상생활 속에서 하는 여러 행위가 사실 이성이나 심사숙고를 거친 선택으로써 이루어지는 것이 아님을 알 수 있다. 실제 일상생활 속에는 임의로 혹은 수시로 일어나는 행위들이 가득하다. 이 행위들은 인간의 의식으로 결정된다기보다 무의식적으로 이루어진다고 볼 수 있다. 사람들은 환경의 표상을 인지함으로써 매우 쉽게 선택하고 행동하는데, 이는 의식의 개입이 필요 없는 거의 조건반사식 반응이다. 예컨대 횡단보도를 건널 때 빨간 불이 들어오면 바로 걸음을 멈추고, 흉악하게 생긴 사람을 보면 '나쁜 사람'을 떠올리는 등의 것이다.

이런 조건반사식 반응을 '직감'이라고 일컫는다. 직감으로 많은 문제를 해결할 수 있다고 믿는 사람들에게 직감은 이성적인 분석과 추리가 필요 없이 일을 간편하게 처리하는 도구이다. 직감은 일촉즉발의 상황에서 심리적 지각을 통해 일 처리 방법을 신속하게 알려준다. 그렇기 때문에 직감을 신봉하는 사람들은 직감을 통해 번거롭고 사소한 일상 업무를 쉽고 간편하게 처리하고, 사람의 인상(즉 첫인상)을 빠르게 파악하며, 어떤 일을 예감할 수도 있다고 믿는다.

알베르트 아인슈타인의 사무실에는 이런 슬로건이 걸려 있었다고 한다.

'중요한 모든 일이 확실하게 계산되는 것은 아니며, 확실하게 계산되는 모든 일이 중요한 것도 아니다. 하지만 과학에서 일상생활에 이르기까지 나의 직감, 즉 전혀 힘들이지 않고 즉각적이며 이유가 없는 이런 지각이 때로는 틀릴 수 있음을 나는 안다.'

아인슈타인의 동료가 한 말을 빌리자면, 가장 중요한 원칙은 바로 스스로를 속여서는 안 된다는 것인데, 아이러니하게도 가장 쉽게 속는 사람 또한 바로 자신이다. 아직까지 사용되지 않은 직감적 지각 능력을 개발해야 한다는 견해에 대해서도 논쟁이 있다. 채용, 해고, 투자 등을 판단할 때 감성을 담당하는 우뇌에 예감을 심어 넣어야 할까? 혹은 총명한 사람들은 항상 논증을 믿는데 그럴 때는 좌뇌의 이성이 더욱 많이 필요할까?

직감의 중요성을 상상해보자. 사람들의 운명을 결정하는 판사나 배심원, 금융 시장에 큰 영향을 미치는 투자자, 생사를 오가는 환자를 치료하는 의사 등은 어떨까. 직감은 사람의 욕망과 느낌, 인간관계를 결정짓는데 이런 것들은 국가 정상의 판단, 도박꾼의 노름판, 인사 담당자의 임명 등에 영향을 미칠 수 있다. 사람의 직감은 여러 면에서 이익을 가져다주지만 동시에 불행을 가져다주기도 한다. 영국의 찰스 왕세자와 결혼한 다이애나 왕세자비는 생전의 마지막 인터뷰에서 이렇게 말했다.

"아무도 나에게 어떻게 하라고 명령할 수 없다. 나는 직감대로 할 뿐이며 직감은 나의 가장 좋은 고문이다."

그렇다. 아주 복잡한 일에 부딪혔을 때 이성적인 분석과 판단을 통해 문제를 하나하나 해결하는 것은 매우 어려울뿐더러 효율도 낮다. 시간은 촉박하고 일은 많을 때는 짧은 시간 안에 많은 정보를 해결할 방법이 필요한데, 직감이 바로 그 해결책이 될 수 있다. 직감은 외부 사물에 대한 지각을 근거로 사람의 머릿속에 특정 인상을 빠르게 형성하고 그것을 바탕으로 결정을 내리게 한다. 이런 의미에서 볼 때 직감은 문제를 신속하고 효과적으로 처리하는 사고방식이다. 대량의 정보가 쏟아지면 인간의 두뇌는 과부하가 걸리기 십상인데, 이때 직감을 잘 활용하면 두뇌의 부담을 덜어줄 수 있다. 직감이 있기에 인간은 생존 환경이 크게 개선되었고 나아가 환경에 대한 적응력도 높아졌다. 어떤 심리학자의 말처럼 직감의 존재는 인간이 이 지구상에서 순조롭게 생존할 수 있게 했다.

인간에게 직감은 생존 효율을 높여주는 하나의 효과적인 수단이다. 그렇지만 직감을 통한 판단이 꼭 정확하지는 않다는 데 주의해야 한다. 다시 말해 직감은 복잡한 정보들을 신속하게 처리해줄 수 있지만 그 선택이 늘 옳다는 보장은 없다. 단지 사람들이 복잡다단한 일에서 벗어나도록 해주는 것이 직감의 가장 근본적인 의미라고 할 수 있다. 그러나 한편으로는 일단 판단을 내리면 이런 판단은 쉽게 변하지 않고 외부 환경의 영향을 크게 받지도 않는다.

니체는 말했다.

"사람들은 평생을 아주 잘 살아낼 수 있지만, 미래에 발생할 법한 잘못을 미리 예측하여 피해 갈 수는 없다."

그렇다. 우리는 직감을 통해 대량의 정보를 효과적으로 신속히 처리함으로써 과다한 정보로 두뇌에 과부하가 걸리는 상황을 피하고 더욱 안전하게 생존할 수 있다. 그러나 직감의 정확성은 확신할 수 없다. 즉, 직감적 판단을 믿지만 이런 판단이 반드시 정확하지는 않다는 사실을 인식해야 할 것이다.

외롭고 불안한 기분을
쫓아내라

Nietzsche

더 높은 수준의 철학자가 혼자인 이유는 고독을 즐겨서가 아니라 주변에서 같은 부류의 사람을 찾을 수 없기 때문이다. 만일 지금 그대가 사람들을 떠나 혼자 사는 고독한 괴짜라면, 그대는 언젠가 하나의 민족이 될 것이다!

니체는 말했다.

"수렵 시대의 인류는 서로 긴밀히 협력해서 목숨을 유지하는 데 필요한 먹잇감을 사냥하곤 했다."

이런 협력관계는 인간들이 작은 부족을 형성하게 했다. 이 부족의 규모는 그리 크지 않고 수십 명에서 100여 명 사이를 유지했다. 그렇기에 이 부족의 구성원들은 서로 얼굴을 아는 익숙한 사이였다. 그러나 문명이 급속도로 발전하면서 인류는 도시라는 울트라급의 부족을 창조했다. 도시 인구는 크게 늘어났지만 도시 사람들은 더욱 외로워졌다. 도시 아파트가 부족 시대의 창문도 없는 허름한 거주지를 대체하고, 일이 현대사회의 '수렵' 활동이 되어버렸다. 사람들은 매일 외롭게 인파 속을 오가고 퇴근 후 주변인들과 단절된 작은 공간 속에 자신을 가둔다.

현대사회의 사람들은 전례 없는 외로움을 겪고 있다. 그러나 인간은 가만히 있지 못하는 존재이며, 과거처럼 작은 그룹 속에서 서로 익숙하게 지내는 '소국과민(小國寡民)', 즉 작은 나라에 적은 백성이 사는 세상으로 돌아가고 싶어 한다. 그래서 다양한 동호회 및 단체가 원시 마을을 대체하게 되었다. 사람들은 원시 마을과 규모가 비슷한 이런 집단 속에서 잠시 위안을 얻은 후 다시 이웃관계가 단절된 차가운 콘크리트 아파트로 돌아가 계속 외로움이라는 독주를 들이켠다.

오늘날 가장 큰 질병은 바로 외로움이다. 우리는 모두 외롭다. 인구의 폭발적인 증가는 인간에게 친밀한 관계를 가져다주지 못했고 오히려 과거 함께 고난을 이겨냈던 진실한 마음이 점차 사라지고 있다. 우리는 자신을 드러내고 감지할 수 없는 세상에 살고 있다. 우리가 이루려고 노력하는 사업, 끊임없이 팽창하는 정부의 규모, 인간의 지나치게 빈번한 이동 등은 인간이 오랜 시간 동안 견고한 우정을 유지할 수 없게 하고 있다. 그리고 이는 수많은 사람의 마음을 더욱 슬프고 처량하게 하는 시작점일 뿐이다.

니체는 말했다.

"외롭다고 느낀다면 반드시 불안한 기분 또한 들 것이다. 불안감은 자신에게 불리한 환경에 처했을 때 생기는 답답한 기분이다. 이런 무거운 정신적 부담은 사람을 낙담하게 하고 몸과 마음을 힘들게 한다."

오늘날 우리가 살고 있고 있는 곳은 울트라급 부락이며 조직 구조와 운영방식을 제대로 파악하기가 힘들 만큼 너무나 복잡하다. 이 거대한 부락 내에서 우리는 모두 약자의 위치에 서 있다. 우리는 우정을 갈망하지만 매일 수많은 낯선 얼굴을 마주한다. 또한 우리는 여유로운 삶을 원하면서도 생존을 위해 매일 치열한 '사냥놀이'에 열중해야만 한다.

예부터 사람들은 끊임없이 외로움과 싸워왔다. 외로움에 대항하기 위해 철학과 종교가 생겨났고 도서와 영화가 생겨났으며 동호회와 협회가 생겨났다. 사람들은 철학과 종교 속에서 외로움에 대해 사색하고 도서와 영화 속에서 외로움을 음미했으며 동호회와 협회 속에서 외로움을 이겨냈다.

철학과 종교 덕분에 사람들은 더 이상 외로움을 두려워하지 않았다. 고독한 명상 속에서 우주를 더 깊이 이해하고 자기 자신을 돌아볼 수 있었기 때문이다. 또한 도서와 영화 덕분에 외로움을 즐기기 시작했다. 문자와 영상 속에서 고독의 매력을 발견할 수 있있기 때문이다. 사람들은 또 동호회와 협회를 통해 외로움을 나누었다. 오가는 정 속에서 외로움이 서로에게 가져다주는 끈끈한 우정을 느낄 수 있었기 때문이다.

외로움을 극복하고 싶다면 철학을 공부하고 종교 속에 들어가라. 책을 읽고 영상을 감상하라. 또한 외로움을 나누고 우정을 키워라.

외로움이 없으면 불안감도 없을 것이다. 외로움이 없으면 철학과 종교, 도서와 영화, 동호회와 협회도 같이 사라질 것이다. 사실, 외로움을 극복하는 가장 효과적인 방법은 외로움을 똑바로 보는 것이다. 외로움을 직시할 때 외로움이 가져다주는 모든 것에 감사하게 될 것이다.

세상을 두려워하지 말고
자신의 운명을 손안에 꽉 쥐어라

Nietzsche

사냥꾼도 세상을 두려워하는 순간 토끼에게조차 업신여김을 당할 것이다.

니체는 '생명에의 의지'가 이성을 능가하는 새로운 철학, 비이성적 철학을 세우고자 했다. 그리고 이성에 대한 도전으로 강력 의지설을 제기했다. 강력한 의지로 신의 지위와 전통적 형이상학의 지위를 대체하고자 했다. 강력 의지설의 핵심은 바로 생명과 인생에 대한 긍정이다.

'생명에의 의지'는 인생에서 매우 중요하다. 좌절의 늪에 빠졌을 때 마음속의 믿음은 사람들이 힘들어도 포기하지 않고 모든 난관을 극복하게 한다. 믿음은 사람들이 앞으로 나아가는 길에서 시지고 힘들어할 때 용기를 가져다주고 실의에 빠질 때도 삶에 대한 열정을 다시금 일깨워주어 마침내 성공

▼

하도록 한다. 그렇기 때문에 믿음을 손에 꽉 쥐는 것은 운명의 끈을 꽉 쥔 것과 마찬가지이며 끝까지 손을 놓지 않으면 언젠가는 행운의 신을 만나게 될 것이다.

로맹 롤랑은 말했다.

"인생의 가장 무서운 적은 바로 강한 믿음이 없는 것이다."

강한 믿음은 타고나는 것이 아니라 끊임없이 현실에 가까이 다가가고자 하는 노력 속에 존재한다. 믿음은 어느 누가 주는 것이 아니라 자신의 노력으로만 유지된다.

짧고도 고단한 인생에서 영향력을 발휘하고 성취하기 위해서는 반드시 자신만의 믿음이 있어야 한다. 오직 믿음만이 흔들림 없이 자신의 길을 끝까지 갈 수 있게 한다. 믿음이 있어야만 삶의 희망을 보고 인생의 가시덤불을 헤쳐 성공을 향해 달려갈 수 있다. 이반 파블로프는 "믿음이 있다면 화포도 나를 무너뜨릴 수 없다"라고 했고, 막심 고리키는 "오직 믿음이 있는 사람만이 어디에서든 믿음을 생활 속에 녹여 자신의 의지를 실현할 수 있다"라고 했다. 또한 니체는 "자신의 믿음을 끝까지 포기하지 않는다면 믿음은 늘 우리에게 필요한 것을 가져다준다. 제아무리 뛰어난 사람일지라도 운명의 끈을 놓는 순간 인생의 방향을 잃고 방황하게 된다"라고 말했다.

니체는 다섯 살 때 아버지를 잃고 몇 달 뒤에 겨우 두 살인 남동생까지 저세상으로 떠나보냈다. 어린 시절의 니체는 이미 인생의 무상함을 절실하게 느꼈고 그런 성장 환경 때문에 성격이 점점 괴팍해졌다. 그는 훗날 이렇게 회상했다.

"나는 이미 어릴 적에 많은 아픔과 고난을 보아왔다…… 어린 시절부터 나는 고독을 좇으며 아무에게도 방해받지 않는 곳을 찾아다녔다."

그때 믿음을 잃었기 때문이다. 인생의 길에서 믿음은 반드시 필요하며, 사람은 자신을 믿고 스스로 이루고자 하는 목표를 믿어야 한다. 로널드 레이건 전 미국 대통령은 "강한 믿음이 있는 창업자는 아름다운 미래를 창조할 수 있다"라고 말했다. 미국의 해부학 교수이자 심리학 교수인 윌리엄 제임스도 "인생이 두려운 것이 아니라 가치 있는 것이라고 믿어야만 우리가 살아갈 만한 인생을 보내게 될 것이다"라고 말했다.

과거 미국의 흑인들은 오랜 세월 동안 백인들로부터 차별과 무시를 받았고 인종 차별정책 때문에 사회적 지위가 매우 낮았으며 정계 고위직에 진출한 경우가 거의 없었다. 그러나 미국 뉴욕주 역사상 최초의 흑인 주지사가 된 로저 롤스는 예외였다.

로저 롤스는 불법과 폭력이 난무하고 오갈 데 없는 노숙자들로 가득한 빈민가에서 태어났다. 그가 다닌 초등학교는 교육 환경이 매우 열악했고 학생들도 자질과 수준이 아주 낮았으며 싸움과 무단결식을 밥 먹듯이 했다.

그러다 1960년대에 피어 폴이 교장으로 부임했다. 그는 학생들의 불량한 태도를 바로잡기 위해 온갖 방법을 동원했지만 효과가 없었다. 그러던 중 이곳 학생들이 미신을 믿는다는 것을 발견한 그는 이 점을 이용해 학생들을 바른 길로 인도하기로 했다. 그래서 그는 학생들에게 손금과 사주를 봐주기 시작했다.

어느 날 로저 롤스는 교장이 보는 앞에서 아무렇지 않게 창턱에서 뛰어내리고는 꼬질꼬질한 손을 불쑥 내밀었다.

"너는 나중에 커서 뉴욕 주지사가 될 거야. 엄지가 긴 것을 보니 앞으로 정치를 할 팔자구나."

교장의 말에 어린 로저 롤스는 놀라움을 금치 못했다. 지금까지 그에게 분발하라고 용기를 북돋아준 사람이라고는 나중에 커서 5톤 선박의 선장이 될 것이라고 말해준 할머니밖에 없었다. 그런데 교장은 자신이 나중에 뉴욕 주지사가 될 것이라고 말했다. 그런 생각은 꿈에도 해본 적이 없던 로저 롤스였지만 교장의 말씀이 자기도 모르게 마음속 한구석에 깊이 새겨졌다. 그날부터 뉴욕 주지사는 로저 롤스의 인생 목표가 되었다. 주지사가 되려면 일단 신사의 품격과 매너를 갖춰야 한다고 생각한 로저 롤스는 옷을 깨끗하게 차려입고 말도 점잖게 하기 시작했다. 그 후부터 수십 년간 그는 주지사의 자격 요건을 갖추고자 노력했고 주지사가 되리라는 믿음을 잃지 않았으며 마침내 원하는 것을 이루었다. 51세 때 주지사가 된 것이다.

주지사 취임사에서 그는 교장의 말씀 한마디 덕분에 주지사가 되리라는 믿음을 갖게 되었고 국민을 위해 봉사하겠다는 숭고한 꿈을 꾸기 시작했다고 밝혔다. 때로는 선의의 거짓이라도 그것을 믿고 끊임없이 노력하면 언젠가 꿈을 이루는 날이 오게 된다. 로저 롤스는 운명의 끈을 꽉 쥐었고 마침내 최초의 흑인 주지사가 되었다.

누구나 다 믿음이 무엇인지 알고 있다. 믿음은 특별히 심오한 철학과 이치가 있는 것이 아니며 인생의 명확한 목표다. 무엇을 하든 우선 자신을 믿고 반드시 기대하는 목표를 이룰 수 있다고 믿는 것이다. 만약 자신이 목표하는 바를 의심한다면 그것은 믿음이 아니다. 믿음은 확고한 마음가짐이고 운명을 이끄는 끈이다. 인생의 승부에서 이기려면 반드시 인생의 끈을 손에 꽉 쥐어야 하며 그 끈을 놓는 순간 인생의 방향을 잃게 될 것이다.

어떤 사람들은 믿음을 목숨처럼 생각한다. 생활 속에 믿음이 있으면 고단함 속에서도 달콤함을 느낀다. 반면 자포자기하는 사람은 나약하고 열등감에 사로잡혀 시체와 다름없다. 믿음은 우리에게 강한 방향 감각을 가져다준다. 인생살이에서 목표는 이루 말할 수 없이 중요하다. 이때 믿음이 없으면 행동의 의미를 인식하지 못하고 목표에 집착한 나머지 목표를 이루기 위한 과정에서 의심과 곤혹에 빠지게 된다. 반대로 믿음이 있으면 흔들림 없이 착실히 목표를 향해 나아갈 수 있으며 명분과 그로 말미암은 열정을 갖게 된다.

강한 정신력은
동기를 부여해준다

Nietzsche

고난을 겪는 사람에게는 비관할 권리가 없다. 고난을 겪는 사람이 비관하면 현실을 직시할 용기가 없어지고 고난에 맞서 싸울 힘을 잃어 결국 더 큰 고통을 받게 된다.

이 세상에서 성공한 사람 대부분은 정신력이 강하다. 그들은 강건한 정신력과 의지력을 앞세워 갖가지 난관을 극복하면서 원대한 꿈을 현실로 만들어낸다.

1870년에 니체는 정식 교수로 임명됐다. 그리고 얼마 후 독일과 프랑스의 전쟁이 발발했다는 소식을 들은 니체는 참전을 자청했다. 그는 프랑크푸르트를 지날 때 위풍당당한 기마병 대열이 도시를 가로질러 가는 것을 보고 갑자기 영감이 샘솟았다. 그는 이러한 말을 남겼다.

"세상에서 가장 강하고 숭고한 '생명에의 의지'는 생존을 위한 비참한 싸움에서가 아니라 '전투에의 의지'에서 드러난다. 이는 일종의 '힘에의 의지', '초강력의 의지'다."

니체는 자신의 직접적인 경험을 들어 정신력에 대해 설명했다. 많은 사람은 정신력이 부족해서 큰 성공을 거두지 못한다. 그런 사람들은 독자적으로 행동해야 한다는 생각을 한 번도 해본 적이 없는 듯하다. 누군가가 뒤에서 등을 떠밀어야 앞으로 움직일 생각을 하고 스스로 한 발 내딛은 적은 없다. 원동력이 없기 때문이다. 이는 자신의 능력을 발휘할 길이 없다는 의미로, 매우 치명적이다. 힘이 있지만 그 힘을 활용할 능력이 없는 것이다. 니체가 말년에 세상 사람들의 눈앞에서 밀려난 것도 능력이 부족해서가 아니라 정신적인 원동력이 부족해서였다. 니체는 이렇게 자평했다.

"나처럼 진정한 힘을 가진 사람에게는 불확실한 것도, 소극적인 것도 없다. 나는 그 어떤 방패나 지원이 필요 없는 당당하고 독립적인 사람이다. 내가 힘을 발휘할 때 이 세상에 준 인상은 내가 말한 것보다도 훨씬 심대하고 강렬했다. 심지어 나는 침묵할 때도 비범한 힘을 갖고 있다. 사람들은 이 거대한 힘이 바로 나의 언행 속에 녹아 있음을 느낄 것이다."

이것은 니체가 말한 정신력이 사람에게 어떻게 작용하는지를 보여준다. 이 점은 이미 많은 사람에게서 입증되었다.

한 젊은이가, 나폴레옹이 잡초 무성한 오솔길로 지나갈 것이라는 정보를 입수하고 그곳에 은밀히 매복하여 기다렸다. 조국을 침략한 잔인무도한 폭군을 직접 죽이기 위해서였다.

나폴레옹은 고개를 숙이고 깊은 생각에 잠긴 채 젊은이가 매복하고 있는 곳으로 점점 다가왔다. 젊은이는 총을 들어 나폴레옹을 조준하고 방아쇠를 당기려 했다. 그 순간, 아주 미세한 소리가 나는 바람에 젊은이는 발각될 위험에 처했다.

이상한 소리를 들은 나폴레옹은 고개를 들어 소리 나는 쪽을 둘러보았고 곧 자신이 위험에 처했음을 눈치챘다. 그러나 아무 말도 하지 않고 오히려 얼굴에 자신만만한 미소를 띤 채 그 젊은이를 노려보았다. 젊은이는 손에 든 총을 갑자기 땅에 떨어뜨렸다. 수많은 전투를 경험한 나폴레옹은 말없이 다시 고개를 숙인 채 머릿속으로 전술을 고민하며 젊은이의 곁을 지나갔다.

이 위기의 순간에 나폴레옹의 목숨을 구한 것은 바로 내면의 힘이었다. 그가 프랑스 군단을 이끌고 맹렬한 기세로 유럽 대륙을 정복한 수백 차례의 전투와 비교하면 이 사건은 그의 머릿속에 흔적조차 남기지 못할 만큼 아주 사소한 일이었겠지만 그 젊은이에게는 평생 잊지 못할 순간이었을 것이다. 나폴레옹과 비교하면 그는 불안하기 짝이 없는 하찮은 존재에 불과했다.

위대한 인물들은 마치 반딧불이처럼 자신을 불태워 칠흑 같은 어둠 속을 밝게 비추는 빛을 낸다. 오늘날 니체철학 사상의 불꽃은 눈부시게 화려한 빛을 발산하며 여러 세대에 걸쳐 사람들의 마음속을 밝게 비춰주고 있다. 그것은 동서고금의 지혜이자 오랜 세월 속에서도 빛바래지 않고 영원히 시들지 않는 진귀한 꽃이며 인간의 마음을 광명의 세계로 인도하는 등대이다.

긍정적인 마인드는
인생을 지켜주는 보이지 않는 부적이다

Nietzsche

외부의 환경이 불리할지라도, 다른 이들이 성공하지 못할 것이라고 단정할지

라도 절대 스스로 포기하지 말라.

니체는 말했다.

"한 사람의 행위방식은 자아 평가와 밀접한 관계가 있다. 소극적인 사람은 언제나 자신의 가장 나쁜 면을 생각하고 감히 무엇인가를 간절히 바라지 못하기 때문에 흔히 많은 것을 얻지도 못한다."

그렇다. 오늘날의 사회에서도 쉽게 볼 수 있는 이런 사람들은 새로운 사물을 접했을 때, 대부분 "이건 안 될 거야, 너무 위험해, 아직은 그럴 만한 상황이 아니야, 내 책임이 아니야" 등의 핑계로 일관한다. 소극적인 사람이 스스로 크게 기대하

▼

지 않을 때 그는 성공할 수 있는 능력을 제한하여 자신의 가장 큰 적이 되고 만다. 그러므로 자신을 쉽게 부정하지 말고 자신의 능력을 맘껏 발휘할 수 있도록 스스로에게 기회를 주어야 한다.

사실, 사람들은 모두 보이지 않는 부적을 갖고 있다. 그 부적의 한 면은 긍정적인 마음이고, 다른 한 면은 소극적인 마음이다. 게임의 승패는 어느 정도 마음으로 결정된다. 만약 일을 시작하기도 전에 자신은 안 될 것이라고 스스로 부정해버리면 절대 게임에서 이길 수 없다.

어느 날 데이비스가 작은 레스토랑에서 닉의 아버지를 만났다.

"존, 우리는 오랜 친구이고 또 나는 원래 말을 돌려서 할 줄 모르니까 그냥 지금 솔직히 말하겠네. 자네 아들 닉은 심성이 착하고 바른 훌륭한 젊은이지만 내 가게에서 백 년을 배워도 훌륭한 상인이 될 수 없네. 천성적으로 상인이 될 만한 재목이 아닐세. 그러니 그만 집으로 데려가서 목장 일을 시키는 게 좋을 것 같네."

닉은 이제 집에서 목장관리 일을 돕게 되었다.

그러던 어느 날, 닉은 우연한 기회에 시카고에 가게 되었다. 그는 그곳에서 원래 가난하고 어리석었던 아이들이 훗날 자라서 놀라운 사업을 이루어낸 성공 사례를 목격했다. 그 순간

▼

부터 그는 사업가가 되겠노라 결심했다. 그는 스스로에게 물었다.

"남들은 할 수 있는데 나라고 안 된다는 법이 있을까?"

집으로 돌아온 닉은 아버지에게 상점을 운영하고 싶다 말했지만 아버지는 고개를 저었다.

"너는 상인이 될 재목이 아니야."

그러나 닉은 반드시 성공하겠노라 자신 있게 아버지한테 약속했다. 처음에는 장사가 잘되지 않아 많은 고생을 했지만 포기하지 않고 도전을 거듭했다. 그 결과 마침내 성공적인 경영방식을 터득했다. 그의 상점은 장사가 점점 잘되어 불과 몇 년 만에 여러 도시에까지 진출했다. 닉의 아버지와 데이비스는 이에 놀라움을 금치 못했다. 현재 수억 달러를 보유한 자산가가 된 닉은 말했다.

"세상에 안 되는 일이란 없다. 앞으로 나아가려는 것을 가로막는 생각만 없애버리면 반드시 성공할 수 있다."

세상에는 그 어떤 시도를 하기도 전에 먼저 '나는 그런 재목이 못 돼', '성공할 팔자가 아니야'라며 스스로를 부정하는 사람들이 있다. 이런 소극적인 생각이 능력을 충분히 발휘하지 못하게 할뿐더러 성공으로 가는 길을 가로막는 것이다.

사실, 사람들은 저마다 개발되기를 기다리는 금광처럼 엄청난 잠재력을 갖고 있다. 성공한 사람들이 목표를 이룰 수 있

▼

었던 것은 타고난 능력 덕분이 아니다. 바로 자신의 내면에 잠재되어 있던 재능을 최대한 발휘했기 때문이다. 긍정적인 마음으로 잠재된 재능을 적극적으로 발굴하라. 그러면 무한한 에너지를 일깨워 역량이 점점 더 강해질 것이다. 반대로 소극적인 마음으로 자신의 능력을 개발하지 않는다면 불공평한 운명만을 탓하며 점점 더 소극적이고 무능력하게 변해버릴 것이다.

니체의 《차라투스트라는 이렇게 말했다》를 보면 처음부터 그만의 특색이 드러난다. 비록 니체와 쇼펜하우어의 사상은 모두 비관주의의 색깔을 띠지만 서로 차이점을 보인다. 쇼펜하우어는 인생 전체를 비관하고 부정하며 사람을 죽음에 이르게 했지만, 니체는 비관 속에 긍정적인 의미를 담아 진취적인 인생과 인간의 생명력을 찬미했다.

긍정적인 태도로 삶을 대하며 자기 능력을 충분히 발휘해 성공을 이루기 위해서는 용기와 자신의 목표를 끝까지 견지하는 정신이 필요하다. 잘못된 고정관념에 도전할 용기가 없으면 희망을 쉽게 포기하고 다시 소극적으로, 비관적인 생활로 돌아갈 수 있다. 오직 자신만이 스스로의 운명을 결정할 수 있음을 명심해야 한다. 적극적인 태도로 자신을 성공한 사람으로 간주할 때, 당신은 이미 성공했다.

의식은
가장 좋은 성공 파트너이다

Nietzsche

자신의 모든 주의력을 처리하기 매우 곤란한 문제에 쏟아붓지 말고 사상이 문제의 대답을 찾아주도록 충분한 공간을 남겨두라.

사람은 잠재의식을 가동시키면 이어서 어떻게 해야 할지를 알게 된다. 의식이 이끄는 대로 따르는 것, 성공을 꿈꾸는 사람이라면 반드시 이것을 깨달아야 한다. 잠재의식이 성공으로 통하는 길에 가장 믿음직한 파트너라는 것을 깨닫는 순간 자신에 대한 확신을 얻고 이는 성공으로 이어진다.

니체는 말했다.

"어려운 문제에 부딪혔을 때 놀라거나 당황하지 말고 곧바로 의미 있고 건설직인 사고를 해야 한다. 적극적인 사고를 통해 잠재의식 속의 역량을 자극하여 문제의 해결 방안을 찾을 수 있기 때문이다. 다만 이런 사고는 초조함과 긴장감, 공포심을 제거한 후의 사고여야 한다."

니체는 사고를 통해 의식 속의 이물질을 제거함으로써 점차 대단한 사람으로 성장했다.

오늘날 사회에서 성공을 결정짓는 요소는 천부적인 재능과 후천적인 노력, 지식, 기술 등을 비롯하여 매우 다양하다. 사람들은 이런 자질과 능력을 갖추는 데 집중하며 이런 것들만 갖추면 성공은 당연지사라고 생각한다. 그렇다. 이것들이 성공의 요소임은 틀림없다. 하지만 과학 분야에서 큰 성과를 거둔 사람들의 성공 과정을 보면 대개 사업에서 한계에 부딪혔을 때 깨달음의 순간을 겪었다. 그리고 바로 이 깨달음이 성공을 가로막는 장애물을 뛰어넘고 마침내 눈부신 과학적 성과를 이룩하게 했다.

유명한 화학자인 프리드리히 아우구스트 케쿨레(Friedrich August Kekulé)는 휘발유의 분자 배열 형식을 알아내기 위해 실험실에 틀어박혀 온종일 실험에 몰두했다. 오랫동안 실험을 진행했지만 아무런 성과도 내지 못한 채 의기소침해 있던 어느 날이었다. 그는 차를 몰고 런던으로 가던 중 갑자기 머릿속에 뱀 한 마리가 자신의 꼬리를 물고 풍차처럼 빙글빙글 도는 화면이 떠올랐다. 그 순간 곧바로 휘발유의 분자 구조를 또렷하게 인식할 수 있었다. 오늘날 우리가 알고 있는 벤젠고리

분자 구조가 바로 이렇게 탄생했다.

미국의 고생물학자 장 루이 로돌프 아가시(Jean Louis Rodol-phe Agassiz)는 꿈의 도움으로 물고기 화석의 종류를 식별해냈다고 밝힌 적이 있다. 그는 어떤 물고기 화석의 종류를 밝혀내기 위해 오랫동안 연구를 진행했지만 화석의 표면이 이미 흐릿해져서 뚜렷한 특징을 발견할 수가 없었다. 많은 노력을 했지만 끝내 화석의 종류를 밝히지 못하고 포기해야만 했다. 그러던 어느 날 밤, 그는 갑자기 꿈속에서 이 물고기 화석의 희미해진 부분을 보게 되었는데 아쉽게도 깨어난 후에는 아무것도 기억해내지 못했다. 이런 상황이 두세 번 발생했고, 매번잠에서 깬 후에 다시 꿈속의 광경을 되살려보려고 애썼지만도무지 기억이 나지 않았다. 결국 그는 또다시 꿈을 꾸게 되면곧바로 그 형상을 기록할 수 있도록 잠들기 전에 펜과 종이를머리맡에 준비해두었다. 어느 날 새벽 비몽사몽 중에 또다시물고기 화석의 형상이 꿈속에 나타났고 그는 꿈에서 깨자마자 펜으로 그 영상을 종이에 그렸다. 그리고 곧바로 종이를 들고 연구실로 달려가 실제 물고기 화석과 비교해보니 완벽하게 일치했다. 이렇게 그는 꿈을 통해 물고기 화석의 종류를 밝혀냈다.

두 과학자는 순간의 깨달음, 또는 찰나의 영감을 통해 과학연구 과정의 난제를 해결하였다. 하지만 이것은 우연한 수확이 아니라 부단한 노력의 결과다. 모든 신경과 정신을 과제 해결에 쏟아부었기 때문에 그 과제가 잠재의식 속에 깊이 새겨진 것이다.

잠재의식은 지혜의 원천이다. 잠재의식이 과거의 경험과 지식을 적극적으로 찾아내고 문제의 해결책을 제공하려고 할 때 사람에게 깨달음 또는 영감이라는 심리적 현상이 생겨난다. 사실 이것은 바로 잠재의식이 자신의 역할을 발휘하는 것이다. 정신분석학의 창시자 지그문트 프로이트는 《꿈의 해석》에서 잠재의식의 중요한 작용에 대해 심층적으로 상세하게 서술했다. 예를 들면 꿈속에 나타나는 광경과 사물은 꿈에서 깨어난 후에 전혀 듣도 보도 못 했던 것으로 느껴지지만, 사실은 잠재의식이 우리가 평소에 접했으나 기억하지 못했던 광경과 사물을 꿈속에서 재현한 것이다. 그렇기에 과학자가 꿈속에서 과학적 난제의 답을 찾은 것이 그리 놀랄 만한 일은 아니다. 이처럼 잠재의식은 강한 통찰력과 관찰력을 갖게 하므로 과학자들은 잠재의식 개발을 매우 중시한다.

니체는 첫 번째 학술 저서인 《비극의 탄생》에서 이미 현대 문명에 대한 비판을 시작했다. 자본주의사회에서 비록 물질적 부가 점점 증가하고 있지만 사람들은 진정한 자유와 행복을 얻지 못하고 있다. 경직된 기계적 방식은 인간의 개성을 억압하고 자유 사상의 열정과 문화 창조의 충동을 잃어가게 하며 현대 문화를 퇴폐하게 했는데, 이는 현대 문화의 고질병이고 그 근원은 바로 생명 본능의 위축이다. 니체는 현대사회의 이런 고질병을 치료하기 위해서는 반드시 인간의 생명 본능을 회복하고 새로운 영혼을 부여하여 인생의 의미를 새롭게 해석해야 한다고 강조했다. 쇼펜하우어에게서 시사점을 얻은 그는 세상의 본질이 '생명에의 의지'라고 믿었다. 그런데 이 '생명에의 의지'가 바로 잠재의식의 응답에서 드러난다. 우리는 내재적 잠재의식을 탐구해야 한다. 그 잠재의식이 문제의 정답을 찾아줄 수 있다고 믿으며 궁극적으로는 잠재의식에 응답하는 나 자신을 발견해야 한다. 이런 내면의 안내는 옳은 일이 반드시 일어날 것임을 스스로 믿게 하는 것으로, 일종의 강한 예감이자 형용할 수 없는 내면의 느낌이다.

환경이 자신한테
부정적인 영향을 미치게 하지 말라

Nietzsche

환경이 인간의 생존에 거대한 영향을 미친다.

니체는 말했다.

"인간은 상황 속의 생물이다. 상황이 우리를 만들었고 미래의 여러 가능성을 결정한다. 그런 만큼 우리는 상황과 독립하여 존재할 수 없다."

여기서 말하는 상황은 환경 속의 한 장면이다.

니체는 어린 시절을 추억하며 말했다.

"나는 어릴 때 이미 많은 슬픔과 고난을 경험했다. 그 때문에 보통 아이들처럼 천진난만하지 않았다. 어릴 때부터 나는 스스로 고독을 찾아 아무에게도 방해받지 않는 곳에 숨어 있기를 좋아했다. 자유로운 자연 속에서 가장 큰 즐거움을 찾을 수 있었다. 나에게 가장 아름다운 인상을 남겨준 것은 폭풍우였다. 귀청을 찢는 천둥 소리와 번쩍이는 번개는 신에 대한 경외심을 더욱 갖게 했다."

니체는 중학교 때 《죽음과 파멸》이라는 중편소설을 구상했다. 어릴 때부터 가족들의 죽음을 직접 목격하면서 죽음에 관한 문제는 그에게 깊은 사색을 불러일으켰다. 니체는 "사람이 결국 죽어야 한다면 생명은 과연 무슨 의미가 있는가?"라고 말한 적이 있다. 그는 어릴 때부터 생명의 의미에 대해 사고하고 탐구하기를 좋아했으며 환경이 어떻게 변하든 여전히 완강하게 살아서 끊임없이 자연의 신비를 탐색했다.

인간의 생활은 환경의 영향을 받는다. 각 나라는 서로 다른 지역에 위치함으로써 각기 다른 민족의 성격을 형성했고 또 서로 다른 환경의 영향 아래서 저마다 독특한 민족문화를 형성했다. 인간은 끊임없이 환경 속에서 성장하고 환경의 변화에 따라 변화했다. 환경은 인간의 각기 다른 성격과 문화, 행동방식을 만들었다. 결국 우리는 환경 속에서 생활하는 인간이며 각기 다른 환경 속에서 저마다의 역할을 하고 있는 것이다.

환경은 인간에게 각기 다른 고유의 낙인을 찍어주었다. 많은 교육학자와 심리학자가 환경의 영향에 주목하는 것도 바로 이런 이유에서다. 미국의 유명한 교육학자이자 철학자 존 듀이는 "아이의 마음은 백지와도 같아서 그리는 대로 된다"라는 관점을 제기한 바 있다. 이는 프로이트의 주장과 엇갈렸다. 프로이트는, 아이는 태어날 때부터 잠재의식 속에 조상으로부터 전해진 낙인이 찍혀져 있으며 교육의 역할은 바로 아이의 이 같은 원시적인 본능을 억제하는 것이라고 주장했다. 듀이와 프로이트 중 누구의 관점이 옳든 간에 교육의 역할에 대해서만큼은 공통된 인식을 하고 있었다. 즉, 교육은 아이의 성장에 영향을 미치며 사람이 환경에 대항하고 자신을 형성하는 하나의 수단인 것이다.

사회학교육의 내용에 다음과 같은 사례가 있다.

1938년, 펜실베이니아주의 시골 마을에서 어떤 사회학자가 어린이 학대 사건을 조사했다. 피해 아동은 안나라는 여아로 사생아였다. 안나의 외조부는 딸이 미혼모라는 사실에 화가 나서 외손녀인 안나를 거두어주지 않았다. 그래서 안나는 출생 후 6개월 동안 여러 보육 시설을 전전했고 더 이상 보육 시설 비용을 감당하지 못하게 된 안나의 어머니는 안나를 데리고 친정으로 들어갔다. 안나의 어머니는 아버지의 분노를 피하기 위해 안나를 창고에 숨겨놓고 매일 목숨을 유지할 정도의 우유만 주었다. 이런 상황은 5년 동안이나 지속됐다.

안나의 일이 알려지자 한 사회학자는 즉시 안나의 집을 방문했다. 그는, 안나가 매우 야위고 허약했으며 웃을 줄도 말도 할 줄 몰랐다고 서술했다. 외부세계에 아무런 반응도 없고 마치 자신만의 세상에서 살고 있는 것만 같았다고 했다.

안나는 고독한 환경에서 홀로 5년간 생존했다. 5년 동안 그는 다른 아이들처럼 교육을 받지 못했고 사회화 과정을 시작할 수 없었다. 그러니 홀로 자신만의 세상에 살고 있는 듯한 모습인 것은 매우 당연했다. 환경의 영향은 안나를 세상일을 전혀 모르는 아이로 만들어버렸다. 그나마 과거에 발견된 '늑대아이'와 비교하면 안나는 그래도 운이 좋았다. 구조된 뒤 치료 과정을 통해 사람들과 소통하는 법을 배웠고 열 살 때에는 간단한 말도 할 줄 알게 되었다.(안나의 어머니가 정신병을 앓고 있었다는 점을 감안하면 굉장한 성과다.) '늑대아이'는 끝내 사람들과 말로 소통하는 방법을 습득하지 못한 채 짧은 생을 마감했다(최초로 발견된 늑대아이는 여아 두 명이었는데 한 명은 여덟 살쯤에 발견되어 열 살 무렵에 사망했고, 다른 한 명은 두 살쯤에 발견되어 얼마 후 사망했다.)

위의 사례로 미루어볼 때 환경이 인간에 미치는 영향은 가늠할 수 없을 정도로 크다. 이런 영향은 객관적인 자연 환경뿐만 아니라 인위적인 사회 환경도 포함된다. 사람들은 환경을 창조하면서 이상적인 환경을 구축하기 위해 끊임없이 노력한다. 따라서 인간은 환경의 노예가 아니다. 그러니 환경에 무릎을 꿇거나 무조건 참고 순종할 필요가 없다. 인간에게는 인간만의 강점과 능동성이 있으며 환경을 인식하고 법칙을 활용하는 능력이 있다. 그렇기에 인간은 충분히 환경과의 선의적

상호관계를 형성할 수 있다.

그러나 인간이 새로운 환경을 창조했을 때 인간 또한 이 새로운 환경의 영향에 노출된다는 점을 명심해야 한다. 인간과 환경 사이의 이 같은 윤회관계는 바로 인간과 환경의 상호작용의 법칙이다.

심경을 바꾸면
삶이 변한다

Nietzsche

초조하고 불안한 기운이 세상을 뒤덮고 있는 것은 모든 사람이 자신의 굴레에서 벗어나려고 급급하기 때문이다.

니체는 인간 내면의 도덕, 정서, 감정이 외부의 환경에 투영된다고 믿었다. 예를 들면 기쁨에 겨워 눈물을 흘리는 사람은 흉물스럽게 생긴 사물을 봐도 아름다워 보이고 반대로 마음속에 원망과 증오가 가득 찬 사람은 제아무리 아름다운 사물을 보아도 결함만 눈에 들어온다.

이것이 바로 흔히 말하는 '경유심생(境有心生)'이다. 자신이 처한 환경을 좀 더 즐겁고 아늑하게 만들고 싶다면 심경부터 바꾸어야 한다.

▼

브라운 부인은 제2차 세계대전 때 유일한 아들을 잃었고 그후 몇 년 사이에 잇달아 남편과 어머니마저 잃었다. 그녀는 당시의 처지를 이렇게 말했다.

"이차 대전이 끝나자 사람들은 전쟁의 승리를 경축하고 가족들이 다시 만나는 행복을 맘껏 누렸다. 그러나 어머니와 남편, 그리고 아들 도날드까지 모두 떠난 세상에 나는 홀로 남겨졌다. 텅 빈 집안에 혼자 앉아 있으면 강한 외로움이 몰려와 나를 삼켜버렸다. 독거생활은 나를 고독과 처량한 처지에 몰아넣을 것임을 나는 알고 있었고 서글픈 환경 앞에서 어떻게 하면 좋을지 망연자실했다.

시간은 빠르게 지나갔고 나는 외롭고 적막한 분위기에 숨이 막혀 죽을 것만 같았다. 영원히 슬픔과 처량한 처지에 빠져 헤어나지 못할까 봐 두려웠다. 그렇게 지내던 어느 날, 나는 나 자신에게 말했다, '가족을 잃었지만 나에게는 아직 친구가 있다. 하지만 이렇게 시체처럼 살아간다면 마침내 친구마저도 모두 잃게 될 것이다'라고. 나는 반드시 정신을 차리고 다시 일어서야 한다 스스로에게 말했다.

나는 나가서 일을 하기 시작했다. 그러면서 점차 삶과 동료, 친구들에 대해 다시 열정이 생기는 나 자신을 발견했다. 불행은 이제 끝났고 앞으로 아름다운 삶이 나를 기다리고 있음을 알게 되었다. 비록 이런 변화를 얻기까지 아주 오랜 시간이 걸렸지만 결국 이겨냈다. 나가서 일을 하기로 한 선택이 가져다준 결과였다."

브라운 부인은 옳은 선택을 했다. 끝까지 가족을 잃은 슬픔에 빠져 시체처럼 살아가는 대신 밖으로 나가 일했고 동료, 친구 들과의 왕래 속에서 자신의 심경을 바꾸기 위해 노력했다. 결국 브라운 부인은 해냈고 그녀의 인생은 또다시 찬란하게 빛나기 시작했다.

선택의 힘은 우리의 머릿속에 존재한다. 그것을 활용하고 싶다면 언제든지 할 수 있다. 선택의 힘을 활용하면 자신의 심경을 변화시켜 계획을 실현하고 본인이 꿈꾸는 방식대로 생활할 수 있다.

70세의 할머니가 둘 있었다. 한 명은 세상에 대한 호기심이 가득하여 늘 새로운 것을 시도하는 활력 넘치는 할머니였고, 다른 한 명은 삶에 대해 아무런 욕망도 의지도 없이 오로지 질병의 고통에서 벗어나기만을 바라는 할머니였다. 활력이 넘치는 할머니는 전 세계의 명산을 정복하고 새로운 풍경을 경험하겠다는 원대한 목표를 세웠다. 그래서 그 나이에 등산을 시작했고 그 후 25년 동안 자신의 목표에 충실하며 세계 곳곳의 산 정상을 정복하러 다녔다. 그리고 95세에 일본의 후지산을 등반해 정상을 정복한 최고령자라는 새로운 세계 기록을 세웠다. 그녀가 바로 유명한 홀다 크룩스(Hulda Crooks) 할머니이다.

크룩스 할머니는 긍정적인 마인드로 세상 사람들에게 좋은 본보기를 보여주었다. 세월을 되돌려 생기 넘치는 청춘을 다시 얻을 수는 없지만 마음가짐을 바꿈으로써 영원히 젊은 마음을 유지할 수 있다.

이처럼 아름다운 심경은 무궁무진한 힘을 가져다준다. 한 사람의 평생을 결정하는 것은 환경만이 아니며 그 환경에 직면했을 때의 선택도 매우 중요하다. 선택의 힘을 장악하여 자신의 사상을 잘 통제하고 이를 통해 자신을 둘러싼 환경을 간접적으로 변화시킬 수 있는지 없는지가 그 사람의 현재와 미래를 결정짓는다. 한 사람의 인생이 비극으로 끝날지 희극으로 끝날지, 무미건조할지 다채로울지는 결국 선택의 힘을 활용할 줄 아는지 여부에 달렸다.

여유로운 마음을 잃으면
인생의 방향을 잃게 된다

Nietzsche

일부 등산객들은 맹수처럼 높은 산 정상을 정복하는 데만 급급하여 등반 과정의 아름다운 풍경을 놓친다. 등산이든 일이든 자신과 주위를 돌보지 못할 정도로 너무 지나치면 그것은 매우 어리석은 짓이다.

이 말은 인생의 길에서 목표에만 너무 집착하면 인생의 방향을 잃게 된다는 뜻이다. 인생 여정에서는 목표도 중요하지만 목표를 향하는 길의 아름다운 풍경을 감상하는 것도 잊지 말아야 한다.

흔히 인생은 여행이며, 우울한 산골짜기를 지나고 기쁨의 산봉우리를 넘어 슬픔의 강과 분노의 바다를 건너야만 생명의 최고봉에 올라 가장 아름다운 풍경을 감상할 수 있다고 말한다. 물론 그렇다. 하지만 인생은 생각보다 짧다. 언제나 앞

▼

만 보고 달리느라 눈앞에 펼쳐진 아름다운 풍경을 놓친다면 많은 아쉬움이 남게 될 것이다.

현실에는 이런 사람이 매우 많다. 용감하게 앞만 보고 달려야 한다는 원칙을 신봉하며 미래를 또는 남의 삶을 목표로 삼아 그것을 이루기 위해 쉼 없이 내달린다. 그리고 세월이 지나 눈부신 청춘이 다 간 뒤 어느 날 문득 뒤를 돌아봤을 때 인생의 가장 아름다운 시절을 그렇게 놓쳐버렸음을 깨닫는다.

눈물겨운 노력 끝에 자수성가한 사업가가 있었다. 열 살 무렵부터 남의 가게에서 일한 그는 매일 새벽부터 밤늦도록 부지런히 몸을 놀렸다. 쉬는 시간도 없이 여가 활동이라는 것을 모르고 살았다. 그의 꿈은 훗날 자신의 가게를 하나 갖는 것이었다.

시간이 흘러 그는 드디어 자신의 가게를 갖게 되었고 장사도 꽤 잘됐다. 그럼에도 그는 절대 긴장을 풀어서는 안 된다고 스스로 경계하며 밤낮없이 더 열심히 일했다. 예전보다도 더 바빠져서 쉬는 시간이 오히려 적어졌다. 사업을 어느 정도 키워놓으면 괜찮아질 거라고 생각했다.

그렇게 또 몇 년이 지나고 그의 사업은 더욱 커졌다. 가게를 여러 개 갖게 되었고 현금 흐름이 매일 수억 원에 이를 정도였다. 그러니 더욱 다른 사람에게 맡기기가 불안해서 납품업체 연락에서부터 고객 접대, 재무관리에 이르기까지 모든 일을

▼

몸소 챙겼다. 그러니 매일 맹수에 쫓기듯 정신없이 바빴다. 보다 못한 주변 사람들이 그에게 충고했다.

"하루 정도 푹 쉬어도 세상이 크게 변하지 않아."

"그럴 수 없어. 내가 쉬는 동안 다른 경쟁자들은 달리고 있어. 잠시라도 손을 놓으면 앞에 있는 대기업들과 격차가 더 크게 벌어지고 뒤에서 쫓아오는 중소기업에 따라잡힐 수도 있어. 그러니 쉴 수 없어."

결국 그는 끝내 쓰러졌고 병상에 누워서 꼼짝달싹 못 하게 되었다. 정신없이 돌아가던 일상이 갑자기 멈추면서 드디어 조용히 지나간 인생을 돌아볼 시간이 생겼다.

어느 날, 그는 같은 병실의 환자가 수술실로 실려 들어가서 다시는 나오지 못하는 걸 보았다. 아주 젊은 환자였고 방금 전까지도 퇴원하고 나면 여행을 갈 거라면서 이야기를 나누던 이였다. 빈 병상을 보던 그는 가슴이 덜컹하며 순간 깨달았다.

'생에서 죽음까지는 사실 한 걸음의 차이인데 나는 이 한 걸음을 너무나 무겁게 걸어왔다! 그동안 돈과 명예에 지나치게 집착하고 많은 것을 가지려고 욕심을 부렸지만 정작 얻은 것은 너무 적었다. 만약 이번에 이렇게 쓰러지지 않았다면 아마도 오십, 육십, 심지어 더 긴 세월을 여가생활도 휴식도 없이 일에만 파묻혀 살다가 결국 빈손으로 허무하게 세상을 떠나고 말았을 것이다. 얼마나 비참한 일인가!'

건강을 회복한 후 그는 완전히 거듭났다. 사업은 계속했지만 과거처럼 일에 목숨을 걸지 않았다. 앞선 경쟁자를 따라잡으려 안달하지 않았고, 추격해오는 후발업체에 전전긍긍하지도 않았으며, 간혹 돈 벌 기회를 놓쳐도 크게 개의치 않았다. 골프장에 자주 모습을 드러내기도 하고 종종 가족들과 해외여행을 다니기도 했다.

그는 마침내 삶의 의미를 깨우쳤고 인생에서 가장 진귀한 보석, 이른바 '내려놓는 법'을 찾은 것이다.

생명은 매우 연약하다. '천리 길을 가는' 꿈을 가졌는데 주변의 사물에 얽매여 발목을 잡힌다면 결국 언젠가 생명은 그 무거운 짐을 견디지 못해 무너지고 이루고자 했던 꿈은 물거품이 될 것이다.

그렇기 때문에 삶이 아무리 바쁘더라도 적당한 정도에서 멈출 줄 알아야 한다. 아무리 바빠도 잠깐 멈춰서 주변의 풍경을 감상하기도 하고 좀 더 대범하게 삶과 생명을 대하는 법을 배워야 한다. 조금만 여유를 가지면 마음이 늙지 않고 영원히 열정으로 가득 차 늘 새롭고 다채로운 풍경이 눈에 들어온다. 이런 생활은 우리에게 끝없는 상상과 열망을 가져다준다. 이른 아침 따사로운 햇빛을 받으며 자유로운 영혼들의 발자취를 따라가는 인생길에서 끝없이 반사되어 나오는 철학적 사고의 아름다움을 느끼게 할 것이다.

마음의 크기가
세상의 크기를 결정한다

Nietzsche

인생은 마치 등산과도 같다. 가장 중요한 것은 먼저 자신에게 일정한 높이를 정해주는 것인데, 만약 인생 목표를 산 중턱으로 정한다면 절대 명예의 정상에 오를 수 없을 것이다.

니체는 말했다.

"성공한 사람 대부분은 성공을 거두기 전에 자신만의 꿈이 있었고 그 꿈을 이루기 위해 노력했다."

그렇다. 꿈과 포부가 없는 사람은 미래도 없다. 사람은 꿈이 있어야 일을 해도 힘든 줄 모르고 가끔 손해를 봐도 연연하지 않으며 성공을 추구하는 길에서 더 힘차게 달릴 수 있다.

존은 아버지가 서커스단에서 일했기 때문에 어려서부터 아버지를 따라 지방 곳곳을 떠돌며 공연을 했다. 존은 떠돌이생활로 정상적인 학교생활이 불가능했지만 학교에 있을 때는 최선을 다해 수업에 임했다.

중학교 시절, 한번은 선생님이 학생들에게 '가장 행복한 일'을 주제로 글짓기를 하게 했다. 그날 밤 존은 무려 7장 분량으로 상상 속의 가장 행복한 인생을 묘사했다. 바로 자신의 농장을 갖는 것이었다. 그는 농장의 설계도를 그렸고 마구간, 도로 등의 위치도 정확하게 표시했으며 드넓은 농장의 중심에 호화로운 저택까지 그려 넣었다.

존은 많은 시간을 들여 글짓기를 완료해 선생님께 제출했다. 이틀 후 숙제를 돌려받아 보니 빨간색 볼펜으로 크게 'X' 표시가 되어 있었고 옆에는 시간 날 때 교무실로 찾아오라는 글이 적혀 있었다.

방과 후 존은 숙제를 들고 선생님을 찾아가서 "왜 제 글이 불합격인가요?"라고 물었다. 그러자 선생님이 대답했다.

"어린 나이에 헛된 꿈을 꾸고 있구나. 너는 돈도 없고 집안이 대단한 것도 아니잖니? 그런데 농장을 지으려면 아주 많은 돈이 필요하단다. 어린애가 주제넘게 너무 높은 데만 바라보면 안 된단다. 실현 가능한 현실적인 꿈을 주제로 삼아 다시 써 오거라."

의기소침해진 채 집으로 돌아온 존은 어떻게 하면 좋을지 몰라 아버지에게 의견을 물었다. 그러자 아버지가 말했다.

"이건 매우 중요한 일이니 너 스스로 결정하렴."

고민 끝에 존은 결국 한 글자도 고치지 않고 그대로 선생님에게 다시 제출했다.

"불합격을 주신다고 해도 행복에 대한 제 설계를 포기하지 않겠습니다."

10여 년 후 존은 글짓기에 설계했던 것처럼 드넓은 농장을 갖게 되었고, 농장 중앙에 호화로운 저택을 지었다. 저택 안에는 중학교 때 지었던 그 글이 놓여 있었다.

훗날 선생님이 학생들을 데리고 존의 농장에 캠핑을 왔다. 존을 만난 선생님이 말했다.

"중학교 때 나는 네 꿈에 찬물을 끼얹었고 그 이후에도 여러 학생들에게 그런 말을 했었다. 네가 자신의 꿈을 끝까지 포기하지 않고 과감하게 행복을 설계해서 정말 다행이다."

마음의 크기가 성공의 크기를 결정한다. 존이 자신의 행복을 찾은 것은 꿈의 힘이 얼마나 위대한지를 잘 증명해준다.

미국의 제28대 대통령 우드로 윌슨은 말했다.

"사람은 꿈이 있어 위대하며, 모든 위인은 다 몽상가다. 그들은 봄날의 산들바람 또는 겨울밤의 난로 옆에서 꿈을 꾸었다. 어떤 사람들은 자신의 위대한 꿈을 시들어 죽게 만드는 반면, 어떤 사람들은 꿈에 물을 주고 거름을 주며 힘들고 고달픈 상황에서도 정성스럽게 잘 가꾸어서 끝내 빛을 낸다. 이들은 자신의 꿈이 이루어지기를 진심으로 소망하는 사람들이다. 그러니 포기하지 말고 쉽게 부정하지도 말고 자신과 자신의 꿈을 믿어라."

옛말에 뜻이 있는 곳에 길이 있다고 했다. 성공한 사람들은 바닥에서부터 한 걸음 한 걸음 정상을 향해 걸어간다. 그들의 성공에는 공통점이 있는데, 바로 원대한 뜻을 갖고 넓은 무대에서 꿈의 불빛을 밝히며 자신의 재능을 마음껏 발휘하여 마침내 오랫동안 끊이지 않는 박수갈채를 받는 것이다.

바젤대학 시절의 니체,
1875

니체와 친구들.
왼쪽부터
에르빈 로데,
칼 폰 게르도르프,
니체,
1871

Schopenhauer
Arthur

**Nietzsche,
Friedrich Wilhelm**

Chapter 2

니체가 말하는 사고란;
세속적인 통념을 깨부숴라

니체의 명언 중 '신은 죽었다'는 말은 신에 대한 무정한 비판이다. 그는 광인의 입을 빌려 자신이 신을 죽였고 신은 죽임을 당해 마땅하다고 선언했다. 니체는 일부 윤리도덕이 인간의 마음을 구속하고 본능을 억압한다고 생각하며 인간이 자유로워지기 위해서는 반드시 신을 죽여야 한다고 주장했다. 이에 일부 사람은 니체가 미친 것이 아니라 세속적인 통념을 꿰뚫어 본 것이라고 생각했다. 이 위대한 철학자는 새로운 세상, 새로운 국면을 열기 위해서는 반드시 세속적인 통념을 깨부숴야 한다고 말한다.

사고의 속박을 벗어던져라,
인생은 상상에서 시작된다

Nietzsche

상상력이 없으면 인류는 그 어떤 발전과 진보도 없을 것이다.

인류의 문명은 상상 속에서 세워졌다. 세상의 많은 사물이 상상의 결과다. 작게는 생활 잡화에서 크게는 우주 탐사까지 모두 어떤 가상을 하고 그것을 실행에 옮긴 것이다. 인생의 성공은 더더욱 상상을 떠나 말할 수 없다. 니체와 관련된 다음과 같은 이야기가 있다.

어느 날 지인이 니체의 집을 방문했다. 하인이 말했다.

"송구하지만 지금은 주인님을 방해하지 않는 것이 좋을 듯합니다."

지인은 예의를 갖춰 물었다.

"그 이유를 알 수 있을까요?"

하인이 잠깐 머뭇거리다가 대답했다.

"주인님은 지금 명상 중이십니다."

지인은 자기도 모르게 웃음이 나왔다.

"명상 중이라니, 그게 무슨 말입니까?"

하인도 웃으며 대답했다.

"저도 정확히 뭐라 말씀드리기 어려우니 주인님께 직접 설명을 들으세요."

지인은 거실에 앉아서 니체가 명상을 끝내고 나오기를 기다렸다.

두 시간 후에 니체가 거실로 나왔다. 지인은 하인에게 들은 말을 니체에게 알려주었다. 니체가 말했다.

"내가 명상하는 곳을 직접 보고 어떻게 명상하는지 알고 싶지 않은가?"

니체는 지인을 다른 방으로 데려갔다. 그것은 방음이 잘되어 있는 허름하고 작은 방이었다. 가구라고는 소박한 탁자 하나와 의자 하나뿐이었는데, 탁자 위에는 노트 몇 개와 연필 몇 자루가 놓여 있었다. 그 외에 전등을 켜고 끌 수 있는 스위치 하나가 있었다.

니체는 지인에게 말했다.

"어려운 문제에 부딪혀 아무리 고민해도 해결 방법이 생각나지 않을 때마다 이 방에 와서 문을 삼그고 전등을 끈 후 어둠 속에서 조용히 앉아 깊은 집중 상태에 들어간다네."

▼

이렇듯 니체는 '상상'의 방법을 통해 자신의 잠재의식으로부터 해답을 구했다. 때로는 오래도록 영감이 떠오르지 않을 때도 있고 때로는 단번에 머릿속에 어떤 생각이 탁 떠오르기도 했다. 좋은 아이디어를 얻기 위해 두 시간 또는 이틀을 명상에 빠지는 것은 흔한 일이었다. 생각이 점차 명확하고 뚜렷해질 때 재빨리 전등을 켜고 그것을 노트에 기록했다.

과연 니체의 위대한 사상 모두가 이러한 '상상'을 통해 얻은 것일까? 물론 아니다. 하지만 이런 방법이 그에게 큰 도움을 준 것은 사실이다.

상상은 성공을 만들어주는 공장이고, 이 공장에서는 기존의 생각과 알고 있던 사실을 조합하여 새로운 용도로 재탄생시킨다. '상상력'을 이렇게 정의할 수 있을 것이다.

'건설적 지능의 행위로써 지식이나 사상을 새롭고 창의적이며 합리적인 체계로 집합시키는 것, 건설적 또는 창조적인 재능, 시가와 예술, 철학, 과학 및 윤리적인 상상력.'

즉, 상상력이 성공 여부에 결정적인 역할을 한다는 것을 알 수 있다. 좋은 구상에 가늠할 수 없는 가치가 있는 이유가 바로 여기에 있다.

사람들은 자신의 미래에 대해 충분한 상상력을 발휘해볼 수 있다. 이런 상상은 얼핏 실현 불가능한 것처럼 보이지만 그렇다고 절대 실현할 수 없는 것은 아니며 오히려 거대한 성공의 맹아일 수 있다. 니체의 철학 사상뿐만 아니라 많은 과학 사상도 상상에서 비롯되었다.

양치기로 가족의 생계를 이어가는 한 가장이 있었다. 어느 날 그는 어린 두 아들을 데리고 언덕에서 양을 방목하고 있었다. 그때 기러기 떼가 머리 위를 날아갔다. 막내아들이 물었다.

"아빠, 기러기들은 어디로 날아가나요?"

"남방으로 간단다. 남방은 기후가 따뜻해서 편안하게 겨울을 날 수 있단다."

큰아들은 높은 하늘을 자유롭게 날아가는 기러기를 바라보며 말했다.

"우리도 날 수 있었으면 좋겠어요."

막내아들도 맞장구를 쳤다.

"맞아요. 우리도 날 수 있었으면 참 좋겠어요!"

아버지는 잠시 침묵한 후 엄숙한 표정으로 두 아들에게 말했다.

"얘들아, 너희가 간절히 원한다면 반드시 날 수 있을 거야. 그때는 어디든 가고 싶은 곳을 마음대로 갈 수 있을 거야."

두 아이는 아버지의 말을 가슴속에 깊이 새기며 자신이 날아가는 모습을 머릿속으로 상상했다.

그리고 몇십 년 후, 그들은 정말 하늘로 날아올랐다. 그들이 바로 라이트 형제다.

▼

상상력은 인간의 잠재력을 최대한 개발하여 인간이 새처럼 나는 꿈을 현실로 만들었다. 간절히 원하고 또 상상력을 충분히 발휘한다면 우리도 라이트 형제처럼 인생의 성공을 얻을 수 있다. 상상에는 신비한 힘이 있다. 사람으로 하여금 어둠 속에서도 한 줄기 빛을 느끼게 하고 그 빛에 이끌려 자신이 원하는 목표를 추구하고 실현하게 만든다.

뉴턴은 "좋은 구상에는 가늠할 수 없는 가치가 있다"라고 말했다. 상상은 시대를 앞선 의식을 갖게 하며 그 힘은 짐작할 수 없을 만큼 크다. 작게는 개인의 성장에서부터 크게는 인류의 진보에 이르기까지 상상은 하나의 발단이고 시작이다. 새로운 사물의 출현은 우선 사람의 생각 속에서 나타나고, 그다음에 그 생각을 바탕으로 설계하여 점차 완성된 모습에 이른다. 믿지 못하겠다면 한번 확인해보라. 우리 주변의 많은 것이 다 상상에서 시작된 것이다.

창의성은
인간의 가장 큰 자산이자 힘이다

Nietzsche

사람들은 뛰어난 창의적 사고 능력을 갖고 있기 때문에 자신을 위한 탄탄대로를 개척하거나 또는 대체할 수 없는 중요한 인물이 된다.

사람에게 가장 큰 자산은 무엇일까? 돈, 부동산, 학력, 외모 등이 한 사람의 자산이 될 수 있다. 이런 자산들은 눈에 보이는 것들이다.

니체는 "사람이 갖고 있는 모든 자산 중에서 쉽게 간과하는 눈에 보이지 않는 자산이 있는데 그것은 바로 차별화된 자신만의 사고방식과 일 처리방식이다. 이는 성공으로 가는 지름길을 확보하는 가장 좋은 수단이다"라고 했다. 이 말은 바로 창의성의 의미를 강조하고 있다.

창의성은 인간의 가장 가치 있는 자산이다. 오늘과 같은 정보사회에서 가장 결정적인 역할을 하는 것은 바로 많은 정보를 보유하고 있는 두뇌다. 사회에서 시대의 발전에 발맞추고자 한다면 창의성은 성공을 뒷받침하는 중요한 자산이다.

사실, 수많은 성공 인사를 분석해보면 몇 가지 공통점을 발견할 수 있다. 바로 매우 차분하고, 문제에 부딪혔을 때 두뇌 회전이 빠르고 사고가 탄력적이어서 한 가지에 집착하지 않고 다양한 해결책을 찾아낸다는 점이다. 다시 말해 성공한 사람들은 창의적인 사고력을 충분히 육성하고 발휘한다. 모든 자산의 획득과 유지는 늘 창의성을 바탕으로 하기에 사람에게 가장 큰 자산은 새로운 것을 만들어내는 창의성이다.

1972년, 스티브 잡스는 17세 때 오리건주의 리드대학에 진학했다. 하지만 중도에 학업을 포기하고 친구인 스티브 워즈니악과 함께 개인용 컴퓨터를 개발하기 시작했다. 얼마 후 그들은 자체 제작한 최초의 개인용 컴퓨터를 시장에 출시했다. 제품 론칭 쇼에서 스티브 잡스는 이렇게 소개했다.

"워즈니악과 나는 애플 컴퓨터를 만들었다. 사람들은 모두 개인용 컴퓨터를 갖고 싶어 한다. 왜냐하면 현재 시장에서 판매되고 있는 대형 컴퓨터는 가격이 비쌀 뿐만 아니라 실용적이지 않기 때문이다. 우리에게는 폭스바겐의 비틀과 같은 개인용 컴퓨터가 필요하다. 물론 딱정벌레 모양의 비틀은 일반 대형 자가용에 비해 승차감이 아주 좋거나 편안하지 않다. 하

▼

지만 가격이 저렴하고 가족들을 태우고 가고 싶은 곳은 어디든 갈 수 있으며 기능도 자가용으로 사용하기에 전혀 부족함이 없다. 우리 모두에게 이런 개인용 컴퓨터가 하나씩 있어야 한다."

잡스는 자본 1,300달러로 창업했고 불과 5년도 안 되는 사이에 애플 컴퓨터를 출시하여 전 세계를 사로잡는 실리콘밸리의 신화를 창조했다.

2004년, 애플의 최고경영자 스티브 잡스는 핵심 사업 영역을 기존의 아이패드와 같은 태블릿 PC에서 새로운 모바일로 전환했다.

애플이 생산한 아이폰은 외관 디자인부터 사람들의 시선을 사로잡기에 충분했다. 매끄러운 곡선과 슬림한 바디, 뛰어난 그립감은 매우 고급스러운 느낌이었다. 특허 디자인인 '둥근 모서리'와 적당한 크기, 매끄럽고 유려한 디자인, 거기에 심플하고 세련된 로고는 고객들에게 최고의 편안함을 선사했다. 아이폰은 업계 최초로 멀티터치 기능, 중력센서, 광센서 내지는 3축 모션센서 등 200개가 넘는 특허와 기술을 적용했고 이 기술들의 작용을 극대화했다.

애플 컴퓨터와 아이폰이 세계인의 마음을 사로잡을 수 있었던 가장 결정적인 이유는 바로 잡스의 창의성이었다. 잡스의 경력은 창의성이 성공의 가장 큰 자산이며 성공한 사람이 되려면 반드시 창의적인 사고를 해야 한다는 사실을 분명하게 보여주고 있다.

생각이 운명을 결정하고 인생의 가치는 항상 창조적인 구상을 통해 드러난다. 생각에 따라 행동이 결정되고 행동에 따라 결과가 결정되며 결과에 따라 운명이 결정된다.

옛것만 지키는 자는 반드시 망하고,
새로운 것을 추구하는 자는 영생을 누린다

Nietzsche

창의성이라고 해서 반드시 과거의 모든 것을 부정하고 완전히 바꿔버리는 것
은 아니다. 자신이 가진 자원을 전체적으로 통합하여 미지의 잠재적인 재능을
발굴하는 것 또한 일종의 창의성이다.

해결하기 어려운 일에 부딪힐 때는 '아이디어'가 필요하며
이런 힘든 문제를 절묘하게 해결하는 방법을 흔히 '황금 같은
아이디어'라고 한다. 이것이 바로 창의성의 가치다. 좋은 아이
디어는 대개 독특하고 남들과 다르기 때문에 새로움을 추구
하는 것이 좋은 아이디어의 가장 큰 특징이다.

"세상의 모든 것은 변하며 그것은 해와 달도 예외가 아니
다. 오늘의 해와 달은 이미 어제의 해와 달이 아니다."

사실, 성공한 사람들의 비결을 보면 하나같이 새로움을 추

▼

구한다. 우리가 왜 남의 뒤를 쫓아야 하는가? 새로움을 추구하는 것은 성공을 보장하는 긍정적 에너지다.

미국의 신발왕 로빈 휠러(Robin Wheeler)는 말했다.

"나의 성공 비결은 매우 간단하다. 바로 현실에 타협하지 않고 끊임없이 새로움을 추구하는 반항아가 되는 것이다."

그의 사례를 통해 창의적 사고가 성공에 얼마나 큰 영향을 미치는지 알 수 있다.

한때 미국에서는 앵글부츠가 유행했고 구두 제조업체들은 앞다투어 앵글부츠를 제작했다. 유행을 따르는 것이 안전하게 돈을 버는 길이라고 생각했기 때문이다.

당시 평범한 구두장이였던 로빈은 직원 10여 명을 고용해 작은 구두 공장을 운영하고 있었다. 영세업체가 경쟁에서 파이를 차지하기 쉽지 않다는 것을 잘 알고 있었던 그는 어떻게 하면 시장경쟁에서 유리한 입지를 확보할 수 있을지 고민하기 시작했다.

그에게는 두 가지 선택이 있었다. 첫 번째 선택은 다른 업체보다 훨씬 뛰어난 품질의 구두를 만드는 것이다. 하지만 생산 규모가 작아서 큰 업체보다 원가가 높았기 때문에 품질로 승부하기란 말처럼 쉽지 않았다. 품질을 높이기 위해서는 반드시 많은 비용을 투입해야 했고 그렇게 되면 거의 이윤을 남길 수가 없었다. 그러니 이것은 좋은 방법이 아니었다. 두 번째 선택은 구두 디자인에 대한 혁신을 통해 새로운 디자인으로 시장을 선도하는 것이다. 로빈은 구두의 디자인을 바꾸는 일은 디자이너가 사고를 바꾸면 되고 추가 비용도 많이 들지 않는 방법이라고 생각했다.

심사숙고 끝에 로빈은 두 번째 길을 선택했다.

그는 구두 디자이너를 고용해 새로운 디자인을 개발했다. 처음 출시한 신상품을 디자인별로 1천 켤레씩 생산하여 주요 도시에서 판매했는데, 곧 3천 켤레가 넘는 주문이 쏟아졌다.

장사가 잘되자 로빈은 공장 규모를 확대했고 3년 뒤 수십 개의 공장을 보유하기에 이르렀다. 이때 새로운 문제가 생겼다. 주문은 많은데 기술자를 구할 수 없어서 납품 기한을 맞추지 못하는 상황이 벌어진 것이다. 로빈은 즉시 직원들을 불러 함께 대책을 논의했다. 그는 많은 사람이 머리를 맞대고 고민하면 분명 좋은 해결책을 찾아낼 것이라 믿었다. 로빈은 모든 직원에게 해결 방안을 생각하도록 요구했고 효과적인 해결 방안을 제안하는 사람에게는 특별한 포상을 할 것이라고 발표했다.

조용한 회의실에서 모든 직원이 좋은 해결 방안을 찾기 위해 머리를 쥐어짰다. 잠시 후 젊은 직원 한 명이 자리에서 일어나 쭈뼛쭈뼛하며 말했다.

"사장님, 기술자를 구하지 못한다면 기계를 활용해 구두를 생산하는 건 어떨까요? 인력 부족 문제를 한번에 확실하게 해결할 수 있을 것 같은데요."

그러나 나이 지긋한 직원 한 명이 말을 끊었다.

"이 친구야, 그런 기계가 어디 있는가? 누가 그런 기계를 만들겠어?"

젊은 직원은 얼굴이 새빨개져서 말없이 제자리에 다시 앉았다. 그런데 뜻밖에도 로빈은 그 젊은 직원 옆으로 다가가서 그의 손을 꽉 잡으며 말했다.

"여러분, 아주 좋은 아이디어입니다. 이 친구에게 특별 포상을 주겠습니다."

4개월에 걸친 연구와 실험을 통해 로빈은 구두 공장의 공정 대부분을 기계로 대체했다. 그 후 그의 공장은 끊임없이 성장했고 마침내 그는 미국의 신발왕이 되었다.

로빈이 크게 성공할 수 있었던 이유는 항상 단호하게 새로운 것을 추구하는 창조적 정신과 밀접한 관계가 있다. 기계 생산은 오늘날에는 더없이 흔한 현상이고 필연적인 추세이지만 당시에는 기계를 이용해 구두를 생산하는 사람이 전혀 없었고 구두를 만드는 기계를 생산한 사람은 더더욱 없었다. 로빈의 선택은 전례 없는 최초의 시도였다.

일하는 방식에는 흔히 창조와 모방 두 가지가 있다. 니체는 창조적인 사람은 남의 눈에 보이지 않는 곳에서 새로운 길을 발견해 성공하는 방법을 찾아내고, 남을 모방하는 사람은 상대방을 초월하지 못하기 때문에 큰 성공을 이루지 못한다고 생각했다. 성공한 사람들은 언제나 창의적인 사고를 유지하며 어려운 과제를 해결하기 위한 '황금 같은 아이디어'를 구상한다. 그렇기 때문에 성공한다.

융통성 있게 일을 처리하면
막다른 길도 활로로 만들 수 있다

Nietzsche

자신의 두뇌를 폐쇄하면 좋은 기회와 우호적인 협력 파트너에게 거절당한다.

많은 이가 융통성을 성공을 위한 필수 자질이라고 생각한다. 니체는 인생의 중요한 순간마다 신중하게 지혜를 활용하여 정확하게 판단해야 한다고 보았다. 또한 올바른 방향을 선택함과 동시에 선택의 시각이 틀린 것은 아닌지 제때에 점검하고 조정하며 불필요한 고집을 버리고 냉정하게 열린 마음으로 정확히 결정해야 한다 믿었다. 정확한 선택과 결정은 우리를 성공의 탄탄대로로 이끌기 때문이다. 노벨상 수상자인 미국의 물리화학자 라이너스 폴링(Linus Pauling)은 말했다.

"훌륭한 사람이라면 어떤 구상을 살리고 어떤 구상을 버려야 하는지 잘 알아야 한다. 그렇지 않으면 많은 시간을 형편없는 구상에 허비하고 만다."

이런저런 이유로 문제를 해결하지 못하고 진퇴양난의 처지에 처하는 경우, 유연하게 대처하는 것이 아주 큰 문제도 효과적으로 해결하는 지혜로운 방법이다.

워크맨이 출시되기 전에 시장에는 부피가 크고 무거운 레코더밖에 없었다. 일본 소니의 음향 기술자 몇 명이 호기심에 회사에서 생산한 휴대용 카세트테이프 레코더를 재생 전용으로 개조하고 일반 이어폰을 연결한 것이 워크맨의 전신이다.

이 소식은 바로 모리타 아키오 회장의 귀에 들어갔다. 다음 날, 모리타 회장은 곧바로 그 카세트플레이어를 직접 확인했고 여전히 부피가 크고 무게도 별반 차이가 없다고 생각하여 기술자들에게 말했다.

"음악을 듣고 싶은데 다른 사람에게 방해가 되는 것은 싫고, 그렇다고 온종일 오디오 앞에 앉아 있을 수도 없어. 그런데 이건 너무 크고 무겁단 말이지."

그의 뜻을 간파한 기술자들은 다시 개조 작업에 착수했다. 당시 일본에는 집집마다 오디오 설비가 있었다. 실내에도 오디오가 있고 자동차 안에도 라디오가 있었다. 도쿄이든 오사카이든 곳곳에 라디오와 카세트플레이어를 어깨에 메거나 손에 들고 다니며 귀청이 찢어질 것 같은 음악을 즐기는 젊은이들을 쉽게 볼 수 있었다. 그렇기 때문에 모리타 회장은 카세트

▼

플레이어를 더 작고 가볍게 개선한다면 반드시 시장에서 선풍적인 인기를 끌 것이라 확신했으며 이 같은 생각을 실행에 옮겼다.

그는 곧바로 회의를 소집하여 엔지니어들에게 소형 카세트 플레이어를 개발하겠다는 생각을 설명했다. 그런데 회의에 참석한 사람 중 그의 의견에 동조하는 사람이 아무도 없었다. 대다수는 아무도 녹음 기능이 없는 재생 전용 카세트 플레이어를 사지 않을 것이라고 생각했다. 하지만 모리타 회장은 끝내 그들을 설득했다. 엔지니어와 기술자들은 모리타 회장의 지시에 따라 불과 며칠 만에 크고 무거운 카세트 플레이어를 204개의 부품으로 구성된 무게 14온스의 소형 플레이어로 개조했다. 모리타 회장은 이 재생 전용 카세트 플레이어를 집으로 가져가 음악을 들었고 그 모습을 본 아내가 궁금해하자 한쪽 이어폰을 건네주며 함께 음악을 즐겼다. 여기서 영감을 받은 모리타 회장은 또 엔지니어에게 이어폰이 두 개 달린 휴대용 카세트 플레이어를 생산하도록 주문했다.

며칠 후 모리타 회장이 친구들과 함께 골프를 치러 갔다. 차에서 그는 '워크맨'을 꺼내어 이어폰 하나를 기사에게 건네주었다. 두 사람 모두 이어폰을 끼고 음악을 듣고 있었기 때문에 서로 상대방이 하는 말을 들을 수가 없었고 볼륨도 조절할 수 없었다. 이어폰의 이 같은 불편함을 느낀 모리타 회장은 다시 엔지니어에게 조절 가능한 마이크를 장착하게 했다. 그렇게 되면 볼륨 크기를 조절할 수 있어서 음악을 들으면서도 서로 자유롭게 대화를 나눌 수 있었다.

이렇게 새로운 카세트 플레이어가 탄생했고 시장에 출시하자마자 젊은 소비자들의 큰 사랑을 받으면서 전 세계를 강타했다.

문제를 해결하는 방법은 꼭 한 가지만 있는 것이 아니다. 문제를 발견할 눈과 생각하고 새로운 것을 추구할 머리만 있다면 대부분의 일은 더욱 절묘하고 효과적인 방법으로 해결 가능하다.

니체의 인생철학에도 바로 이런 내용이 있다. 인생이라는 경기장에서 남들과 다른 사업을 이루어내고 싶다면 반드시 융통성을 배워야 한다. 성공으로 가는 길이 험난하다고 불평만 할 것이 아니다. 그 길이 험난할지 평탄할지는 유연하게 대처할 수 있느냐 없느냐에 달렸다.

경험을 맹신하지 말고
고정관념을 깨뜨려라

Nietzsche

인간의 본성 중 편견과 고집은 흔히 고정적인 사고방식에서 비롯되기 때문에
관성적 사고는 사람의 생각을 잘못된 길로 유도하여 삶에 부정적인 영향을 끼
친다.

관성적 사고는 생각의 추세와 정도, 방식을 가리킨다. 관성
적 사고를 구성하는 요소는 주로 인식의 고정적 성향이다. 이
런 모듈식의 사고방식은 부정적인 에너지를 전달한다.

아프리카의 사하라사막에서 낙타는 가장 중요한 교통수단
이다. 사하라에서 낙타를 사육하는 사람들은 저마다 자신만
의 낙타를 길들이는 방법이 있다.

새끼 낙타가 태어나면 사육사는 땅에다 말뚝 하나를 묻고
빨간 실로 감은 후 실의 다른 한쪽 끝으로 낙타를 묶어놓는다.

▼

고작 작은 말뚝 하나에 묶이고 싶지 않은 낙타는 당연히 말뚝을 뽑아내려고 있는 힘껏 줄을 끌어당기지만 매번 실패하고 만다.

그렇게 며칠 후 낙타가 기진맥진하여 점차 굴복의 기미를 보일 때 주인은 말뚝에 묶은 빨간 실을 풀고 말뚝에 앉아 손으로 낙타를 묶은 줄을 잡고 흔든다. 이때 낙타는 또다시 죽기살기로 줄을 잡아당기며 심지어 발굽에 피가 날 정도로 있는 힘을 다해 몸부림친다. 하지만 여전히 팽팽한 줄을 벗어나지 못해 다시 굴복한다. 그 후 어린아이가 낙타를 묶은 줄을 잡자 낙타는 마치 새로운 희망을 발견한 것처럼 줄에서 벗어나려고 다시 몸부림을 친다. 물론 이번에도 여지없이 실패하고 만다. 낙타는 마침내 완전히 길들여진다. 이때부터 주인이 낙타를 묶은 말뚝을 어디든 꽂기만 하면 낙타는 그 말뚝을 에워싸고 돌 뿐 더 이상 '의미 없는' 항쟁을 하지 않는다. 바로 이런 이유 때문에 사막에서는 폭풍이 불어닥칠 때 낙타 주인들이 낙타가 모래바람에 휩쓸리지 않도록 말뚝을 땅에 박아놓는다. 때로는 주인이 거대한 모래바람에 휩쓸리더라도 낙타는 한 발짝도 떨어지지 않고 말뚝 주위를 지키고 서서 주인이 오기를 기다린다. 그렇게 하루, 이틀 기다리다가 끝내 굶어 죽고 만다.

경험이 있는 것은 좋은 일이시만 경험에 익숙해지는 것 또한 인생을 구속하는 굴레가 될 수 있기 때문에 '경험 우선주의'를 맹신해서는 안 된다. 경험을 타파할 용기를 내면 좀 더 적극적인 힘을 얻어 새로운 길을 열 수 있다. 니체는 말했다.

"과거의 경험은 고정적인 인식을 형성하고 훗날의 판단에 영향을 미쳐 '관성적 사고'가 생기도록 한다."

기존의 사고방식은 문제를 해결할 때 많은 고민 없이 탐색 과정을 줄이고 빠르게 행동할 수 있게 한다. 그러나 이런 고유의 사고방식에는 흔히 경직된 부분이 있다. 또한 지나치게 과거의 경험에 의존하여 자칫하면 곤경에 빠질 수 있다. 니체는 이렇게 말했다.

"사람은 일단 관성적 사고에 익숙해지면 습관적으로 그런 방식으로 문제를 생각하려 하고 방향과 시각을 바꾸어 생각하려고 하지 않는다. 이것은 많은 사람의 고질적인 '난치병'이다."

실제로 사람들은 관성적 사고에 빠져 비참한 숙명을 벗어나지 못하는 경우가 많다. 일단 관성적 사고에서 벗어나면 과거에는 보지 못했던 색다른 풍경들을 만나게 될 것이다. 일에서 한계에 부딪히거나 곤경에 빠졌을 때 자신의 사고방식을 바꾸려 노력한다면 반드시 곤경을 벗어날 수 있을 것이다.

건물에 엘리베이터를 추가 설치하기 위해 전문가들이 온갖 방법을 다 고민해봤지만 건물 내 공간이 여유가 없으면 건물의 안전에 피해가 생기는 등 완벽한 대안을 찾을 수가 없었다. 최고의 전문가들이 모여서 몇 주 동안 치열하게 고민했지만

▼

속수무책이었다.

전문가들은 그날도 엘리베이터를 어떻게 설치할 것인지를 두고 논쟁을 벌이고 있었다. 그때 쓰레기를 치우러 들어온 청소부가 작은 소리로 중얼거렸다,

"엘리베이터를 건물 밖에 설치하면 안 되나요?"

그의 한마디에 전문가들은 무릎을 탁 쳤다.

"그래, 엘리베이터를 건물 밖에 설치하면 되겠구나!"

그렇게 청소부의 아이디어로 실외 엘리베이터가 탄생했다.

그전까지 엘리베이터는 모두 실내에 설치되었기 때문에 건물에 엘리베이터를 추가 설치해야 할 때 관성적 사고를 벗어나지 못해 당연히 실내에 설치해야 한다고 생각했던 것이다. 전문가들은 이 틀에 박혀 돌파구를 찾지 못하고 있었다. 그러나 청소부는 그들처럼 관성적 사고의 구속을 받지 않았기 때문에 오히려 이 어려운 문제를 쉽게 해결할 수 있었다.

니체는 말했다.

"책 속의 지식이 아니라 자신의 눈을 믿어라. 옛 사람의 경험과 기존의 지식이 아닌 자신의 눈으로 지금 눈앞에 펼쳐진 아름다운 풍경을 판단하라."

니체는 책 속의 지식 외에 옛 사람의 경험도 우리의 사고력을 구속하는 굴레라고 생각했다. 창조와 발전을 이루기 위해서는 반드시 이런 장애 요소를 탈피하고 관성적 사고와 고정관념에서 벗어나야 한다. 다양한 상황에 따라 사고의 방향을

바꿀 줄 알아야 한다. 사고방식을 바꿀 줄 모르면 곤경에 처했을 때 출로 찾기가 힘들어진다. 두뇌를 잘 활용하여 적극적으로 사고해야 기회를 발견하고 창조할 수 있다. 그럴 때 자신의 삶을 변화시키고 궁극적으로 인생의 목표를 실현할 수 있다.

마음의 문을 열면
성공의 길이 보인다

Nietzsche

남들이 발을 들여놓지 않은 영역에 진출하는 가장 큰 장점은 경쟁의 부담이 없고 그곳으로 통하는 문을 열기만 하면 성공을 얻은 것이나 마찬가지라는 점이다.

니체의 저서 《농담, 음모 그리고 복수》에는 이런 이야기가 나온다.

옛날에 어떤 나라에서 왕이 사형장에 잡혀온 포로에게 말했다. "너희에게 두 가지 선택을 주겠다. 첫 번째는 죽음을 받아들이는 것이고 두 번째는 너희 눈앞에 있는 저 문을 열어서 문 뒤에 있는 세상이 너희의 출로를 결정하게 하는 것이다. 물론 저 문 뒤에 무엇이 있는지는 알려줄 수 없고 너희의 운명은 온전히 저 문에 의해 결정될 것이다.”

말을 마친 왕은 포로들에게 선택을 하게 했고 결국 포로들은 죽음과 미지의 세계 사이에서 모두 죽음을 선택했다. 포로들의 선택에 왕은 몹시 애석해하며 사실 저 문 뒤에는 바로 그들 모두가 갈망하는 자유가 있었다고 말해주었다.

니체는 이 이야기를 통해 사람들에게 말했다.

“미지에 대한 두려움은 죽음에 대한 두려움보다 훨씬 크다. 그러나 바로 이런 거대한 두려움 속에 거대한 기회가 숨어 있다. 기회가 주어지기를 갈망한다면 두려움 때문에 시도를 망설이는 오류를 범해서는 안 된다.”

크리스토퍼 콜럼버스는 어릴 때부터 지구가 둥근 공 모양이라고 생각했지만 그 당시 대부분의 사람은 인류는 서양에서 부유한 동방의 나라까지 절대 갈 수 없다고 생각했다. 만약에 스페인에서 서쪽으로 항행한다면 500해리를 못 가 바로 끝없는 깊은 구덩이 속으로 빠져버릴 것이라고 믿었다. 자신의 생각이 맞는다는 것을 증명하기 위해 콜럼버스는 1485년에 포르투갈 국왕을 찾아가 설득했다.

“여기서 서쪽으로 쭉 가면 반드시 동방의 나라에 도착할 것입니다. 왕께서 금전적인 지원을 해주신다면 직접 증명해 보이겠습니다.”

▼

포르투갈 국왕은 그를 사기꾼이라 생각하며 청을 받아들이지 않았다. 콜럼버스는 또 에스파냐 국왕을 찾아가서 설득했지만 역시 거절당했다. 하지만 콜럼버스는 낙담하지 않았다. 비록 잇달아 거절당하고 또 이리저리 뛰어다니느라 그동안 모아둔 재산을 모두 써버렸지만 그는 자신의 이론을 굳게 믿었다. 그리고 드디어 콜럼버스에게 기회가 찾아왔다. 에스파냐 왕실은 거절하였으나 에스파냐 카스티야 왕조의 이사벨 여왕이 그를 후원하기로 한 것이다. 사실, 콜럼버스가 실패한다고 해도 여왕으로서는 약간의 돈을 손해 보는 것뿐이었으니까.

마침내 콜럼버스와 선원들은 완강한 의지와 승부 근성으로 천신만고 끝에 아메리카대륙에 에스파냐 국기를 꽂았다.

인간은 늘 미지의 세계에 두려움을 느끼지만 용기를 내어 눈앞의 문을 열어젖힐 때 우리의 세계는 달라진다. 생명은 풍부하고 다채로워야 하며 모든 사람은 각자 다른 삶이 있어야 한다. 진정한 창의성을 가진 사람은 타인의 생활 패턴을 그대로 따라 하지 않고 자신이 추구하는 것을 위해 나만의 미래를 개척하려고 노력한다.

생활 속에서 대부분 사람은 자신의 주견이 없고 남들이 불가능하다고 생각하는 일에 심지어 두려움을 느낀다. 이런 사람들은 일 앞에서도 생활 앞에서도 자신의 지식을 충분히 활용할 줄 모르고 옛것을 답습하며 앵무새처럼 남이 하는 말을 그대로 따라 하기 때문에 빈둥거리며 허송세월만 할 뿐 큰 발전이 없다. 따라서 그들의 인생은 무미건조할 수밖에 없다.

만약 남들이 발을 들여놓지 않은 영역에 진출하고자 한다면, 자신만의 새로운 길을 개척하여 남들이 가보지 못한 길을 가고 남들이 열어보지 못한 문을 열어봐야 한다. 그래야 남들이 보지 못했던 아름다운 풍경을 맘껏 감상할 수 있다.

헬로 맥주가 벨기에 수도 브뤼셀에 진출할 때 많은 사람이 성공하기 힘들 것이라고 예언했다. 당시 헬로 맥주 회사의 시장점유율이 점점 감소하여 거의 도산 위기에 직면한 상태였기 때문이다. TV 광고나 신문 광고를 할 돈이 없어서 영업 사원인 린다가 사장에게 광고를 해야 한다고 여러 번 건의했지만 모두 거절당했다. 린다는 위험을 무릅쓰고 벨기에 시장을 뚫어보기로 결심했다. 그는 은행대출을 받아 맥주 회사의 판매 업무를 외주받았다. 하지만 광고를 어떻게 해야 할지가 고민이었다. 어느 날, 브뤼셀 도심의 그랑플라스 광장을 배회하던 그는 이곳의 명물인 오줌싸개 소년 동상을 보다가 브뤼셀을 폭파해버리려고 한 적군이 도화선에 붙인 불을 소년이 오줌을 싸서 껐다는 일화를 떠올렸다. 그러던 중 문득 아이디어가 떠올라 그 누구도 시도하지 않았던 일을 해보기로 결정했다.

이튿날, 그랑플라스 광장의 오줌싸개 소년 동상 앞을 지나가던 사람들은 오줌이 투명한 물에서 황금색 액체에 거품이 있는 맥주로 변해 있는 것을 보았다. 동상 옆에는 '헬로 맥주 무료 시음'이라는 광고 팻말이 세워져 있었다. 흥미로운 풍경에 사람들이 몰려들었고 하나둘 컵이나 물병으로 맥주를 받아 맛보았으며 언론들은 앞다투어 이 기이한 풍경을 보도했다.

이 기막힌 아이디어는 전례 없는 홍보 효과를 가져왔다. 그해 헬로 맥주 회사의 판매량은 거의 20배 가까이 급증했고 린다는 유럽 전체에 이름을 널리 알리며 브뤼셀에서 유명한 마케팅 전문가가 되었다.

이 정도는 누구나 다 할 수 있는 일이라고 말할 수도 있겠지만, 다 할 수 있는 일인데 왜 다른 사람들은 하지 않고 린다만이 기회를 성공적으로 활용했을까? 이는 바로 좀 더 열린 사고방식으로 모험을 할 생각이 있는지 없는지의 문제다. 사실, 아주 어려운 일도 열린 사고로 용감하게 맞선다면 성공할 수 있다. 남들이 가보지 않은 길이라고 해서 반드시 다 험난한 가시밭길이라는 법은 없고, 남들이 열어보지 않은 문이라고 해서 꼭 잠겨 있으라는 법도 없다. 용감하게 손을 내밀어 눈앞의 문을 활짝 열어젖힌다면 세상의 많은 문이 잠긴 것처럼 보이지만 사실은 열려 있음을 알게 될 것이다.

독창성은
인간의 가장 큰 장점이다

Nietzsche

진정 위대한 사람은 남들이 생각하지 못한 것을 생각하고 실행하지 못한 것을 행한다.

오늘날의 사회에서는 우수한 사람은 단지 살아남을 뿐이고 탁월한 사람만이 발전을 추구할 수 있다. 현대사회에 필요한 것은 모방자가 아니라 개척자다. 여러 사실을 통해 증명되었듯 탁월한 사람들은 실행력이 강할 뿐만 아니라 독창성도 뛰어나다. 니체가 바로 독창적 정신이 있는 사람이다. 그는 선인들의 철학적 성과에 만족하지 않고 자신의 관점을 강하게 주장했다. 니체의 눈에서는 기존의 '권위' 이론에 대한 경외심을 전혀 찾아볼 수 없었고 단지 하나부터 열까지 논증하고 분석할 뿐이었다.

▼

'독창성이 있다는 것은 무언가를 발명하고 창조하는 것만이 아니라 사람들에게 익숙한 것, 낡은 것, 지극히 평범한 것, 모든 사람이 다 본 적이 있는 것에 대해 개척 정신과 독특한 관점을 활용해서 일반인들의 눈에는 보이지 않는 또 다른 모습을 발견 및 발굴해내는 것이다.'

니체의《인간적인 너무나 인간적인》에서 발췌한 이 문장은 우리의 성장에 매우 유익한 내용을 담고 있다.

생활 속에서, 직장에서, 사람들은 모두 자신이 남들보다 더 잘하기를 바라고 남들보다 더 큰 성공을 얻기를 기대한다. 만약 남들이 한 번도 시도하지 않았던 일을 자신이 완성할 수 있다고 스스로 믿지 않는다면 평생 선도자가 될 수 없을 것이다. 사업적으로 성공할 수 있는 사람들은 언제나 남들이 감히 생각하지도 못한 것을 먼저 생각하고 남들이 감히 해보지 못한 것을 먼저 해보는 이들이다. 그들은 용감하고 과감하며 창의성이 있고 낡은 규범에 대한 도전을 즐긴다.

19세기 초에 나폴레옹이 유럽을 도탄에 빠뜨린 큰 전쟁을 일으키면서 흑화약에 대한 수요가 폭증했다. 많은 화학자와 화약업체가 함께 모여서 흑화약의 제조 방법을 연구했다.

흑화약의 주원료는 유황과 목탄, 초석이다. 당시 유황과 목탄은 구하기 쉬웠지만 초석은 매우 드물었다. 프랑스의 초석 제조업자이자 약사인 베르나르 쿠르투아(Bernard Courtois)는 켈프(다시마목 다시마과에 속하는 대형 갈조류의 총칭)를 이용해 초석을 만드는 방법을 연구하고 있었다. 프랑스는 바다와 인접하여 해조류가 매우 풍부했다. 쿠르투아는 해조류를 불에 태운 후 물에 담가 해조재를 만들고 해조재에서 백색의 투명한 초석을 침출한 후 남은 물은 그냥 버렸다. 그런데 해조재 용액을 담은 구리 용기가 얼마 사용하지 못하고 바로 부식해 버렸다. 이를 본 쿠르투아는 생각했다.

'해조재를 담근 물에서 초석을 만들어낸 후 남은 액체에 또 어떤 성분이 남아 있을까?'

해조재 용액에는 분명 어떤 물질이 작용하고 있으리라고 생각한 그는 실험실에서 그것을 연구하기 시작했다.

어느 날, 쿠르투아가 실험실에서 연구에 몰두하고 있을 때 장난스러운 고양이 한 마리가 고농도 황산을 담은 병을 넘어뜨렸다. 황산은 마침 해조재 용액을 담은 병에 흘러들어갔고 두 가지 액체가 혼합하자 즉시 자주색 수증기가 솟아오르며 매우 자극적인 냄새가 풍겨 나왔다.

그 자주색 수증기는 대체 무엇일까? 쿠르투아가 유리 뚜껑을 수증기 위에 씌우자 더욱 놀라운 광경이 벌여졌다. 수증기가 응결된 후 물방울로 변하지 않고 금속처럼 자주색 속에 검은 빛이 감도는 결정체로 변했던 것이다.

이 뜻밖의 발견은 쿠르투아의 큰 관심을 불러일으켰다. 그는 곧바로 화학 실험과 분석을 진행했고 마침내 이 자주색의 결정체가 바로 새로운 원소라는 사실을 밝혀냈다. 훗날 그는 이 원소를 그리스어로 '자주색'이라는 뜻의 '요오드'로 명명했다.

헤겔은 이렇게 말했다.

"세상에서 가장 불쌍하고 못난 사람은 바로 자신의 주장이 없고 문제를 깊이 탐구할 줄 모르는 사람이다."

새로운 사물을 발견하고 창조할 줄 알아야 한다. 그래야만 수많은 사람 중에서 두각을 드러내고, 남들이 생각하지 못한 일을 생각하고, 하지 못한 일을 해내어 남들이 이루지 못한 성과를 이룰 수 있다.

용기와 지략, 창조 정신이 있는 사람들은 남이 하는 대로 따라 하거나 모방하지 않고 좀 더 빠르고 편리하며 이상적인 방법을 적극적으로 모색하여 자신만의 새로운 길을 개척한다. 남들과는 다른 자신만의 독특한 통찰력으로 남들이 생각하지도, 해보지도 않은 일을 이루어낸다.

니체는 말했다.

"끊임없이 책을 읽고 사고하는 사람은 자신이 보거나 들은 새로운 사상과 이론 때문에 곤혹스러워하거나 방황할까? 오히려 끊임없이 인식하는 새로운 사상과 이론들이 긴밀하게 어우러져 우리가 그것을 더욱 잘 이해하게 하고 나아가 새로운 세상을 알게 한다. 별자리의 새로운 의미에 대한 이해가 바로 그 예다."

▼

사람의 성장과 발전은 현실을 떠나서는 안 되고 기존의 토대를 벗어나서도 안 되며 사상이나 행위의 규범을 벗어나서도 안 된다. 가장 효과적인 방법은 바로 기존의 토대에서 더욱 깊이 있게 자신을 채우고 높이는 것인데, 그러기 위해서는 문제를 발견하고 올바른 것을 거울삼으며 낡은 것은 버리고 새로운 것을 창조할 줄 알아야 한다. 이런 면에서 니체는 몸소 사람들에게 본보기를 보여주었다. 니체는《이성의 양심》에서 이렇게 말했다.

'세상의 수많은 일은 좋은 면을 갖고 있을 수도 있지만 우리는 그것을 볼 수 있을 리 없다. 담벼락 너머에 무엇이 있는지를 누가 알 수 있겠는가?'

이 말의 의미는, 비록 우리의 눈에 아무것도 보이지 않지만 노력을 하면 언젠가는 분명 눈에 보이게 될 것이고 그러기 위해 끊임없이 자신을 갈고닦아야 한다는 것이다.

끊임없이 새로운 지식을 추구하고 새로운 상황에 맞서며 시대의 발전과 함께하는 긴박감을 갖춰야 한다. 사상이 늘 원래의 자리에 머문다면 창조적으로 생각하며 일할 수 없고 경쟁력이 약화되어 우리의 생존에 영향을 미치게 된다. 당신이 이미 매우 우수한 사람이라면 더욱더 백척간두에서 진일보해야 한다.

활발한 사고력으로
미래를 열라

Nietzsche

한눈팔지 않고 무조건 열심히 하는 것으로 부와 명예를 창조할 수도 있다. 하지만 그러는 사이 사람의 많은 고상하고 우아한 신체기관들이 그 부와 명예를 창조하는 미덕에 의해 박탈당하게 된다.

니체는 《방랑자와 그의 그림자》에서 이렇게 말했다.

'끊임없이 배우는 것에 대해 지식을 쌓고 고등교육을 받은 사람은 지루함을 느끼지 않는다. 사물에 대한 그들의 관심은 갈수록 더 많고 강렬해지기 때문이다. 그들은 설령 다른 사람을 통해 보고 들은 것이라고 해도 일반적인 사물에서 특별한 의미를 찾아내 텅 빈 사고의 공간을 꽉 채운다.'

다시 말하자면 이런 사람들은 매일 재미있는 난제 속에 푹 빠져서 이를 통해 지식을 얻고 삶을 충실하게 한다. 그들에게 이 세상은 단 한순간도 지루하지 않고 생활은 탐구와 성장으로 가득 차 언제나 사람을 흥분시킨다.

지금의 하이얼은 이미 세계적 기업으로 성장했지만 이 같은 성과를 거둘 수 있었던 이유는 바로 해외시장 진출 당시에 국내 기업들의 옛 방식을 답습하지 않고 새로운 경영철학을 바탕으로 다양한 사고를 통해 시장수요에 맞는 상품을 개발했기 때문이다.

예를 들면 하이얼은 미국에서 영업을 할 때 현지 학생 고객들을 대상으로 미국 현지 인력을 고용하여 전자 제품을 설계했다. 미국의 많은 대학생이 월세방을 구해 살았는데 미국의 대부분 도시, 특히 뉴욕은 집값이 매우 비쌌다. 그래서 학생들의 월세 방은 면적이 매우 작았다. 하이얼은 이런 특징에 맞춰 냉장고의 윗면을 작은 탁자처럼 설계하여 공간을 절약하게 했다. 나중에는 한발 더 나아가 작은 탁자를 접을 수 있게 설계하여 노트북을 위에 놓고 쓸 수 있게 했다. 이런 디자인은 학생들의 수요에 부합하여 학생들로부터 많은 인기를 끌면서 미국 시장에서 판로를 확대하는 계기가 되었다.

현실 속의 많은 사례를 통해 알 수 있듯, 한계 돌파의 배후에는 늘 시대를 앞서가는 창의력이 있었고 그것은 문제 해결의 '가속기'가 되었다. 사실, 창의적인 사고에 능숙한 사람이라면 누구나 탁월한 성과를 창조할 수 있다.

일을 하다 보면 시각을 바꿔 생각할 때 새로운 아이디어가 떠오르고 상황이 바뀌는 경우가 많다. 그렇기 때문에 우리에게는 활발한 사고가 필요하다! 막다른 골목에 다다라 더 이상 갈 길이 없다면 관성적 사고를 버리고 새로운 길을 개척해야 한다.

미국의 경영학자 스티븐 코비는 관성적 사고를 한 장의 지도에 비유했다. 다들 잘 알다시피 지도는 지역을 대표하는 것이 아니라 단지 지역의 어떤 방면에 대한 설명이다. 관성적 사고가 바로 그렇다. 그것은 어떤 사물의 이론, 해석 또는 모형이며 모든 개개인의 성장 배경과 경험, 선택으로 형성된 것이다. 사람들은 그것을 통해 세상 만물을 엿보고 나아가 자신의 태도와 행위에까지 영향을 받는다.

코비는 또한 사람마다 머릿속에 많은 지도를 갖고 있으며 이런 지도는 크게 두 가지 종류로 분류할 수 있다고 말했다. 한 가지는 세상 본래의 모습대로 그린 지도로 현실 상황을 반영하고, 다른 한 가지는 관성적 사고에 따라 그린 지도로 개인의 가치관을 반영한다. 우리는 이런 지도를 통해 모든 경험을 해석하고 지도의 정확성에 대해서는 추호의 의심도 없으며 심지어 오류가 있으리라는 것을 의식하지도 못한다. 우리는 당연히 자신이 보고 들은 것이 진실한 세상이라고 가정한다.

▼

세상 본래의 모습에 부합하는 '지도'는 일상 업무를 신속하게 처리하고 일반적인 문제를 해결하는 데 매우 유리하다. 그러나 새로운 상황과 문제에 부딪혔을 때는 이런 낡은 지도들이 크게 도움 되지 않고 지금까지 파악한 지식을 활용하여 체계적인 분석을 통해 새로운 해결 방안을 찾아내야 한다. 그렇기 때문에 시의에 맞지 않는 사고 '지도'가 이미 효력을 상실했다면 더 이상 낡은 방식에 연연하지 말고 새로운 길을 모색해야 할 것이다.

이때 정보 수집은 문제 해결의 첫 단계이자 가장 핵심적인 역할을 한다. 예컨대 여러 방법을 다 시도했지만 문제가 여전히 해결되지 않을 때 가장 좋은 방법은 정보를 확실하게 수집했는지, 누락된 정보는 없는지 다시 자문하는 것이다.

문제 해결의 방법은 우리가 소홀히 하고 놓친 정보 속에 있을 가능성이 매우 높다.

정보를 수집하는 과정은 사고의 범위를 더욱 넓히고 효과적인 정보를 선별하는 과정이기도 하다. 창의력과 영감을 자극하기 위한 방법 중 하나가 바로 이미 장악한 다양한 정보를 배열하고 재조합하고 비교하며 그것들에 대해 연상하고 질문하는 것이다.

가치 있는 정보는 사고의 범위가 그만큼 넓게 확장됐다는 것을 의미한다. 머리를 쥐어짜며 고민할 바에는 차라리 새로운 정보를 수집하는 편이 났다. 예컨대 이런 식이다. 문제의 발생 원인은 무엇인지? 이 문제를 해결할 방법이 과거에 있었는지? 문제의 현황에 대해서는 확실하게 파악하고 있는지? 현재 확보한 정보들이 믿을 만한지? 그다음에 수집한 모든 정보를 정리 및 귀납해보면 그중 일부 정보가 미흡하다는 것을 발견하게 될 테고 그 미흡한 부분이 바로 문제 해결을 가로막는 핵심일 것이다.

니체는 습관을 '마음의 길'이라고 형상적으로 비유한 바 있다. 우리의 행동은 이미 이 길에서 오랜 여행을 하고 있고 이 길을 한 번 지나갈 때마다 길이 더욱 평탄해진다. 사람은 언제나 가장 평탄한 길, 즉 많은 사람이 이미 갔던 길을 찾아가려고 한다.

낡은 습관을 버리고자 한다면 가장 좋은 방법은 새로운 습관을 키워서 안 좋은 낡은 습관에 대항하거나 그것을 대체하는 것이다. 새로운 '마음의 길'을 지나갈 때마다 이 길이 더욱 평탄하고 널찍하게 다져져서 우리를 성공의 길로 빠르고 안전하게 안내할 것이다.

허물을 벗지 않는 뱀은
죽는 길밖에 없다

Nietzsche

뱀은 허물을 벗지 않으면 죽는 길밖에 없다. 인간도 마찬가지다. 옛날 방식만

고집하고 현상에 안주하여 스스로를 틀 속에 가둔다면 성장을 기대하기 어려

울 뿐만 아니라 마음이 죽게 된다. 그러므로 '허물을 벗기' 위해 먼저 사상의

신진대사를 진행해야 한다.

니체는 사상을 새롭게 바꾸지 않는 사람에게는 죽음의 길
밖에 없다고 생각했다. 급변하는 현대사회에서 진정한 위험
은 지식과 경험의 부족이 아니라 스스로를 틀에 가두고 시대
의 발전을 외면하는 것이다. 그래서 니체는 "뱀은 허물을 벗
지 않으면 죽는 길밖에 없다. 인간도 마찬가지다. 옛날 방식만
고집하고 스스로를 틀 속에 가둔다면 성장을 기대하기 어려
울 뿐만 아니라 마음이 죽게 된다. 그러므로 '허물을 벗기' 위

▼

해 먼저 사상의 신진대사를 진행해야 한다"라고 말했다.

세상은 마치 장기판과도 같고 사람은 '졸(卒)'과도 같아서 강을 건넌 후에야 종횡무진 돌진하며 자신의 인생 가치를 실현할 수 있다. 사람들은 모두 보이지 않는 경계에 의해 구속당하고 제한당하고 있다. 어떤 사람은 감히 경계선을 넘지 못하고 틀 속에 갇혀 정해진 규칙에 따라 조용히 생활하고 일하다가 끝내 아무런 성취도 없이 보잘것없는 인생을 마감한다. 그와 반대로 어떤 사람은 과감하게 경계선을 뛰어넘어 모든 속박을 벗어던진다. 그래서 경계선 밖의 색다른 풍경과 다채로운 모습을 감상하고 평범하지 않은 멋진 인생을 살게 된다.

사람이 성공하기 위해서는 용기와 노력이 필요하지만 그보다 더 중요한 것은 인생길에서 시대 흐름에 발맞추고 끊임없이 새로운 정보를 수집하여 변화하는 환경과 추구하는 사업의 방향을 충분히 파악하는 것이다. 많이 아는 만큼 대응 능력이 강해지기 때문이다.

미국의 작가 아이작 아시모프는 자신에 관한 이야기를 한 적이 있다. 그는 어릴 때부터 아주 총명해서 아이큐 테스트를 여러 번 받을 때마다 160점 이상이 나오는 등 소위 '영재'에 속했다. 그럴 때마다 그는 의기양양한 표정을 감추지 못했다.

어느 날 아시모프는 평소에 잘 알고 지내는 자동차 수리공을 우연히 만났다. 자동차 수리공은 아시모프에게 "다들 박사

선생이 총명하다고 칭찬하는데 내가 문제를 하나 낼 테니까 한번 맞춰보겠는가?"라고 제안했다. 아시모프는 고개를 끄덕였다. 수리공은 문제를 냈다.

"듣지도 말하지도 못하는 청각장애인이 철물점에 못을 사러 왔다. 말을 못하는 그는 손동작으로 자신의 뜻을 표현할 수밖에 없었다. 그는 판매원에게 '왼손 손가락 두 개를 계산대 위에 세우고 오른손은 주먹을 쥐어 계산대를 두드리는 손동작을 해보였다. 판매원이 그에게 망치를 가져다주자 그는 세운 상태의 두 손가락을 가리키며 고개를 가로저었다. 판매원은 고객이 원하는 것이 못이라는 것을 알아차리고 바로 가져다주었다. 청각장애인이 못을 사서 막 철물점을 나서려고 할 때 시각장애인 한 명이 가게에 들어섰다. 이 시각장애인은 가위를 한 자루 사려고 한다. 그는 어떻게 했을까?"

아시모프는 곧바로 "시각장애인은 분명 이렇게 했을 거야" 하고 대답하면서 검지와 중지로 가위 모양을 해보였다. 그러자 수리공이 껄껄 웃으면 말했다.

"하하하, 틀렸네. 시각장애인이 가위를 사려고 하면 그냥 '가위 한 자루 주세요' 하고 말하면 될 걸 뭐 하러 손동작을 하겠는가?"

아이큐 160의 아시모프는 자신이 '바보'임을 인정하지 않을 수 없었다. 수리공이 몇 마디 덧붙였다.

"문제를 내기 전부터 자네가 절대 정답을 맞히지 못할 거라는 걸 알고 있었네. 자네는 교육을 너무 많이 받아서 총명할 리가 없어."

사실, 수리공의 말처럼 교육을 많이 받은 것과 총명하지 못한 것에 어떤 상관관계가 있지는 않다. 공부를 많이 해서 오히려 우둔해진 것이 아니라, 지식과 경험이 많으면 머릿속에 관성적 사고가 많이 생기고 이 때문에 사고가 고유의 경로로 전개되는 것이다. 훗날 아시모프는 이렇게 말했다.

"고유의 관성적 사고는 사람의 사고를 잘못된 길로 유도하여 생활과 사업에 부정적인 영향을 줄 수 있다. 이 관성적 사고를 바꾸고자 한다면 상황 발전에 따라 끊임없이 자신의 행동을 조정하고 변화시켜야 한다. 무릇 성공한 사람들은 모두 일반적 사고를 극복한 고수다."

남들과는 다른 특별한 인생을 원한다면 사고의 한계를 뛰어넘고 풍부한 상상력과 창의력을 발휘해야 한다. 세상에 변하지 않는 것은 아무것도 없고 생명은 끊임없이 전진하며 우리의 생활도 마찬가지다. 그렇기 때문에 우리의 사고방식도 시대 흐름에 발맞춰야 한다. 때로는 막다른 골목에 들어섰다는 생각이 들 수도 있지만 사실 그것은 출로를 찾지 못했을 뿐이다. 사물의 현황을 변화시키는 것은 바로 사고의 힘을 활용히는 깃이며 생삭이 바뀌면 방법은 자연스럽게 생긴다.

인간의 사고는 이처럼 신기한 것이다. 사과를 가로로 자르면 아름다운 별을 볼 수 있다. 마찬가지로 생활 속에서 두뇌를 충분히 개발하고 상상력을 활용하여 관성적 사고의 틀을 벗어난다면 사고의 또 다른 경지를 발견하고 예사롭지 않는 답을 얻을 것이다.

요컨대 인간은 사고의 동물이다. 경쟁이 치열하고 변화무쌍한 사회에서 자신의 위치와 현실이 박자가 맞지 않다는 것을 발견했을 때 발걸음을 조정하는 것이야말로 가장 현명한 선택이다.

성공한 이는
대다수 사람과 다르다

Nietzsche

많은 사례가 입증하듯이 나에 대한 다른 사람들의 의견과 평가는 정확하지 않은 경우가 많다.

니체의 철학에서 성공한 인사는 이른바 보통 사람들에서 제외되는 이다. 우리는 성공을 간절히 소망하지만 최종 성공한 사람은 흔히 '작은 길'을 가는 이다. 남들이 하는 대로 따라 하고 대중 속에 섞여 하루하루를 때우는 사람들은 재능이 있다 하더라도 결국 뭇사람 속에 묻힌다. 성공을 원한다면 남들과는 다른 독특한 사고방식이 있어야 하고 남들과는 다른 독특한 길을 가야 한다. 자신이 선택한 길이 옳다고 생각한다면 자신의 선택을 믿어야 한다. 다른 사람들의 의심과 반대는 크게 개의치 말고 자신의 길을 끝까지 견지한다면 더욱 큰 성과를 이룰 수 있을 것이다.

성공한 인사 대부분은 생각과 행동이 보통 사람들과는 달리 유별나다. 또한 성공으로 가는 길에서 수많은 반대의 목소리에 부딪혀도 끝까지 자신의 신념을 포기하지 않았다. 그렇기 때문에 큰 성공을 거둘 수 있었다.

세계적인 음악가 베토벤은 바이올린을 연주할 때 차라리 자신이 작곡한 곡을 연주할지언정 기교를 바꾸어 연주하는 것을 거부했다. 그 때문에 베토벤의 선생님은 베토벤이 절대로 음악계에서 큰 성공을 거두지 못할 거라고 단언했다.

20세기의 가장 위대한 과학자 아인슈타인은 네 살 때 말을 배웠고 일곱 살 때 글을 익혔다.

"반응이 느리고 친구들과 어울리지 못하며 머릿속에 온통 비현실적인 환상만 가득하다!"

이것이 그에 대한 선생님의 평가였다.

세계적인 문학가 톨스토이는 대학생 때 성적이 나빠서 퇴학당할 뻔했다. 선생님은 그가 "공부에 대한 흥미가 없고 머리도 아둔하다"라고 말했다.

만약 이들이 다른 사람의 평가에 휘둘려 자신의 길을 포기했다면 전 세계가 주목한 성과를 거두지 못했을 것이다.

리처드 호세라는 하버드대 학생이 있었는데 교수님들이 학생들 앞에서 자주 그의 이름을 언급했다. 리처드는 하버드를 우수한 성적으로 졸업한 수재였다. 그런데 그는 졸업 후에 다른 학생들처럼 대기업에 입사하거나 전도유망한 기술 개발자가 되는 대신 훌륭한 페인트공이 되어 모두를 놀라게 했다.

리처드의 아버지는 솜씨 좋은 페인트공이었다. 젊을 때 LA로 이민을 온 직후에는 매우 궁핍했지만 뛰어난 솜씨 덕분에 곧 LA에서 자리를 잡았다.

철이 일찍 든 리처드는 어릴 때부터 아버지의 페인트 바르는 일을 도와드리곤 했다. 그렇게 몇 년을 하다 보니 아버지의 모든 기술을 다 배웠을 뿐만 아니라 어떤 부분에서는 청출어람이라 아버지도 깜짝 놀랐을 정도였다.

리처드는 공부에서도 남다른 재능을 보였다. 학업 성적은 언제나 3등 이상을 유지했고 마을 봉사 활동 기록도 가장 우수했으며 전국 중학생미술대회에서 유화 부문 동상을 수상하기도 하여 별 어려움 없이 하버드에 진학했다.

하버드 재학 시절에도 리처드의 학업 성적은 늘 상위권이었지만 정작 본인은 페인트칠하는 순간을 잊을 수가 없었다. 그는 페인트칠할 때가 가장 행복했다. 그래서 주말만 되면 집으로 돌아와서 페인트칠하는 일을 했다.

대학교 졸업 후 그는 대학원에 진학하지 않고 LA에서 괜찮은 직장을 구했다.

직장에서도 리처드는 늘 업무에 최선을 다했고 회사 오너에게 여러 번 포상을 받았지만 여전히 페인트를 잊을 수가 없었다. 한번은 사장이 회사에 건설적인 건의가 없는지 묻자 리처드는 약간의 망설임도 없이 바로 대답했다.

"회사에서는 자주 중요한 부품을 외부에 맡겨 페인트칠을 하는데 비용이 낭비됨은 물론 페인트 품질도 좋지 않습니다. 이 문제를 해결하기 위해 회사 내부에 페인트칠을 담당하는 전문 부서를 설립해야 한다고 생각합니다."

사장이 웃으며 말했다.

"그건 힘들 것 같네. 설비는 구입하면 된다지만 기술이 뛰어난 페인트공을 어디 가서 구한단 말인가?"

리처드가 대답했다.

"멀리 가서 찾을 필요 없습니다. 여기 한 명 있습니다."

이어 리처드는 자신의 구상과 과거의 경력을 상세하게 설명했다. 또한 젊은 직원들을 채용해서 직접 육성하겠다고 말했다. 그의 생각에 마음이 움직인 사장은 그 자리에서 바로 페인팅 부서를 설립하기로 결정하고 리처드를 부서장 겸 기술자로 임명했다.

집에 돌아온 리처드는 신이 나서 아버지에게 자신의 승진 사실을 알렸다. 아들의 말을 들은 아버지는 한참 동안 말을 잇지 못했다. 그는 당연히 아들의 결정을 반대했지만 아들을 막을 수 없다는 것도 잘 알고 있었다.

몇 년 뒤, 리처드는 자신의 선택이 옳았음을 증명했다. 몇 년간의 노력 끝에 페인팅 부서는 점점 더 크게 성장하여 백악

관 일부 용품의 가공업체로 지정되기도 했다.

리처드의 이야기가 하버드대학교에 널리 알려진 이유는 무엇일까? 바로 하버드 학생들에게 사람은 자신의 길을 선택하고 자신의 생각을 끝까지 견지해야만 남들과는 다른 나만의 탄탄대로를 개척할 수 있다는 사실을 말해주기 위한 것이다. 이 이야기의 주인공이 성공의 열매를 수확할 수 있었던 것은 바로 끝까지 자신의 마음속 소리에 귀를 기울였기 때문이다.

사실, 성공하려면 자신의 길을 선택하고 남의 의견과 생각에 너무 연연하지 말아야 한다. 마음으로 생각하면 모든 성공 이야기는 다 위대한 생각에서 비롯되며, 인생사에서 천편일률적인 데 가치가 있는 것이 아님을 알게 될 것이다. 세상의 위인들은 모두 자신만의 독특한 생각을 갖고 끝까지 자신의 길을 포기하지 않은 사람들이다.

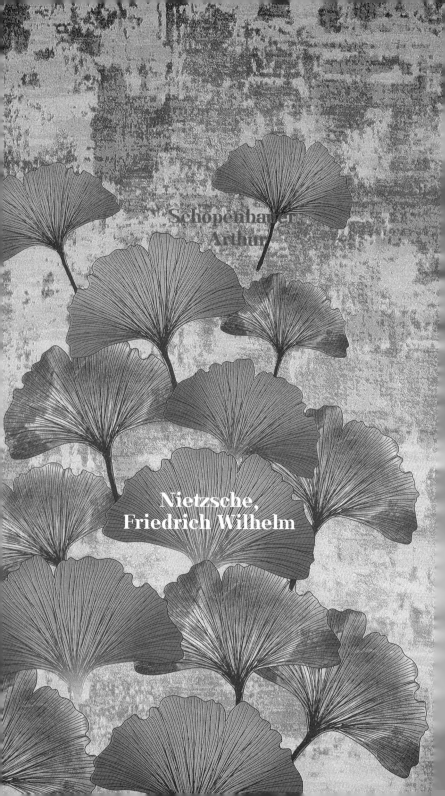

Schopenhauer
Arthur

**Nietzsche,
Friedrich Wilhelm**

Chapter 3

니체가 말하는 고난이란;
자신을 태양이 되게 하라

"나는 태양이다."

니체의 이 말 때문에 사람들은 니체를 미치광이라고 단정했다. 사실 니체가 주장한 것은 '초인 사상'이었고, 의지론은 니체가 추구하는 이상적 목표와 인생의 경지였다. 사람은 평생 수많은 좌절을 겪고 이런저런 실패를 경험한다. 원하는 이상적 목표와 인생의 경지를 달성하기 위해서는 반드시 인생의 고난을 극복해야 하고 이때 인성의 빛이 찬란하게 빛난다.

평생 이것밖에 안 될 거라고
누가 그러던가?

Nietzsche

자신을 함부로 비하하지 말라. 삶의 방식을 바꾸면 그대도 지금의 상황을 바

꾸고 꿈을 이룰 수 있다.

니체는 말했다.

"그대가 아무것도 성취하지 못했을지라도 자신을 존경하라, 거기에 상황을 바꿀 힘이 있으니. 또한 자신을 함부로 비하하지 말라, 삶의 방식을 바꾸면 그대도 지금의 상황을 바꾸고 꿈을 이룰 수 있을 테니. 그렇기 때문에 멋진 인생을 만드는 첫걸음은 바로 자신을 존경하는 것이다."

이 말은 생각이 사람에게 매우 중요하고 우리의 삶의 방식, 승패와 득실을 결정한다는 뜻이다. 사람은 자신을 존경해야만 자신의 능력을 제대로 알고 꿈을 좇는 열정이 생겨나며 먼

▼

지처럼 보잘것없는 존재에서 위대한 사람으로 거듭날 수 있다. 그렇기 때문에 현재의 상황을 바꾸고 성공을 얻고 싶다면 자신의 힘을 믿어야 한다. 위대하고 탁월한 사람들이 끝없는 창조와 초월을 유지할 수 있는 이유는 바로 평범함을 거부했기 때문이다.

마케팅의 귀재 길라드의 성공 역시 자신의 성공을 확신하는 신념에서 비롯됐다. 어릴 때부터 길라드의 아버지는 그에게 소극적인 사상을 주입시켰다.

"넌 평생 못난 놈에 실패자가 되고 말 거야."

이런 생각은 길라드를 두려움에 떨게 했다. 반대로 길라드의 어머니는 그에게 적극적인 사상을 주입시켰다.

"자신이 반드시 성공할 것이라는 믿음을 가져라. 너는 네가 원하는 대로 될 것이다."

부모로부터 가해진 두 가지 상반되는 힘에 길라드는 한편으로는 두려움을, 또 한편으로는 자신감을 느꼈다. 결국 어머니가 주입시킨 사상이 승리했는데 그가 자신의 꿈을 실현할 수 있었던 이유이기도 하다.

어린 시절 길라드는 길거리에서 신문을 팔고 바에서 구두닦이를 했으며 음식점 설거지, 배달원 등 여러 일을 했다. 성인이 된 후에는 전기보일러 설치공과 건설도급업자 등 여러 직업을 전전했지만 변변히 잘하는 일이 없었다. 즉, 35세 전까지 그는 철저한 루저였다.

훗날, 친구의 소개로 자동차 판매 회사에 찾아갔는데 매니저는 처음에는 그를 채용하지 않으려고 했다.

"자동차를 팔아본 적이 있나요?"

"없습니다."

"왜 본인이 이 일을 잘할 수 있다고 생각하나요?"

"자동차를 팔아보지는 않았지만 신문, 구두약, 집, 식품 등 다른 물건들을 팔아본 경험이 있습니다. 사실 사람들은 물건을 사는 것이 아니라 저를 사는 것입니다. 저는 제 자신을 세일즈합니다."

길라드는 충분한 자신감을 갖추고 있었다. 자신의 나이가 이미 35세라는 점을 개의치 않았고 세일즈는 젊은 친구들이 하는 일이라는 고정관념도 신경 쓰지 않았다. 매니저는 웃으며 말했다.

"지금은 추운 겨울이라 판매 비수기인데 내가 지금 당신을 채용하면 다른 영업 사원들이 날 힐난할 것입니다. 게다가 당신에게 줄 난방이 되는 방도 없고요."

생존의 위협 앞에서 길라드는 더욱 강해졌다.

"매니저님, 지금 저를 채용하지 않는다면 평생 최대의 실수가 될 것입니다. 난방이 되는 방은 필요 없습니다. 책상 하나만 주시면 두 달 안에 최우수 영업 사원의 기록을 돌파하겠습니다."

자신만만하게 말하기는 했지만 사실 그는 확신이 없었다.

매니저는 길라드에게 위층 구석에 있는 먼지가 잔뜩 덮인 책상 하나와 전화기 한 대를 주었다. 그렇게 길라드는 새로운 일을 시작했다.

두 달 뒤, 길라드는 자신이 약속했던 대로 회사 최우수 영업 사원의 판매 기록을 깨고 10만 달러의 빚까지 갚았으며 자존심까지 되찾았다!

에이브러햄 링컨은 말했다.

"분수의 높이는 그 원천을 넘지 않고 인간의 성취는 자신의 신념을 뛰어넘지 않는다."

길라드의 이야기는 마음속으로 간절히 소망하지 않는 것은 절대로 자신에게 가까이 다가오지 않는다는 니체의 주장을 다시 한 번 입증했다. 성공의 염원은 매우 중요하다. 자신감은 사람에게 용기를 심어준다. 나 스스로도 자신을 믿지 못한다면 세상 그 누가 나를 믿어주겠는가?

철학자들은 말했다. "귀로 들은 것이 반드시 옳은 것은 아니며 다른 사람의 평가 때문에 자신을 비하하지 말라. 그렇지 않으면 열등감이라는 '마음의 감옥'에 갇히게 될 것"이라고.

어떤 사람들은 늘 자신의 단점을 남의 장점과 비교하고, 믿어서는 안 될 말을 귀담아듣는다. 그러고는 자신의 진짜 모습을 보지 못하고 잠재력을 깊은 곳에 묻어둔 채 결국 열등의식에 빠져 헤어나지 못한다. 현대사회에서 비범한 인생을 원한다면, 그리고 성공한 사람이 되기를 원한다면, 스스로를 별 볼일 없는 존재라고 비하하는 자신부터 먼저 버려라.

모든 성공의 시작은
간단했다

Nietzsche

성공하기를 원한다면 과감히 시도하고 도전하라. 그러면 성공 인사가 될 기회를 얻을 것이다. 용감한 마음은 우수한 사람에서 탁월한 사람으로 성장하는 가장 핵심적인 한 단계다.

"시작이 반이다. 아무리 쉬운 일이라도 시작하지 않으면 발전이 없다."

이 말은 무슨 일이든 첫걸음을 내딛는 것이 중요하며 시작이 있어야만 발전의 가능성이 있다는 의미다. 실생활 속에서 많은 사람이 성공을 원하고 사업을 이루고 싶어 하지만 매번 실패의 가능성 때문에 주저한다. 어리석다는 말을 들을까 봐, 남들이 비웃을까 봐 두렵기 때문이다. 사랑을 받지 못할까 봐 두려워 감히 사랑하기도 꺼린다. 실패가 두려워 감히 시도조차도 못한다. 실망할까 봐 두려워 무언가를 희망하지 못한다. 이런 위험 때문에 몸을 사리며 앞으로 발을 내딛지 못한다. 자신의 길이 어디에 있는지 몰라 망연한 표정으로 사방을 두리번거린다. 그런데 앞을 향해 첫걸음을 내딛지 못한다면 인생의 목표를 추구하는 길에 어떤 풍경들이 있는지 영원히 알지 못할 것이다.

니체는 과거 물을 매우 두려워했다. 친구들이 물속에서 수영하며 노는 모습을 볼 때마다 너무나 부러웠고 물에 대한 공포심을 극복하지 못하는 자신이 겁쟁이 같다고 생각했다. 그때마다 친구들은 웃으며 그를 부추겼다.

"물이 두렵다고 해서 영원히 수영을 안 할 거야?"

어느 날 친구의 초대를 받아 온천에 놀러 간 니체는 마침내 용기를 내어 물속으로 들어갔다. 자신이 생각처럼 그렇게 무능하지 않다는 것을 느꼈지만 그래도 수심이 깊은 곳에는 감히 들어가지 못했다.

"한번 해봐."

친구가 미소하며 말했다.

"잠수를 해봐, 몸이 물속으로 가라앉는지!"

니체는 친구가 말한 대로 완전히 물속으로 들어갔다. 친구의 말이 맞았다. 의식이 또렷한 상태에서는 물속에 가라앉더라도 손이 바닥에 닿지 않았다. 참으로 신기한 체험이었다!

▼

"그것 봐, 사람은 그렇게 쉽게 빠져 죽거나 물에 가라앉지 않아. 그런데 두려울 게 뭐 있어?"

니체는 이 소중한 경험을 통해 새로운 사실을 깨달았다. 그 후 니체는 더 이상 물을 두려워하지 않게 되었다.

니체와 마찬가지로 우리도 용감하게 첫걸음을 내디딘다면 원래 아주 어렵다고 여겼던 일이 생각보다 어렵지 않음을 알게 될 것이다. 미국의 유명한 복싱 트레이너인 커스 다마토 (Cus D'Amato)는 말했다.

"영웅도 겁쟁이와 마찬가지로 두려움을 느낀다. 다만 두려움에 대한 반응이 다를 뿐이다."

사실, 가끔 시도를 주저하는 이유가 현재의 상황이 바뀌는 것을 원하지 않기 때문임을 인정해야 할 것이다. 자신의 가장 큰 적은 바로 자기 자신이며 때로는 가장 초월하기 힘든 것이 바로 자신의 한계다. 흔히 곤경에 처한 사람이 결국은 이미 여유로운 생활을 누리고 있는 사람보다 더 큰 성과를 낼 수 있는 이유가 바로 이 때문이다. 온 힘을 다해 앞으로 달려가고는 싶은데 현재의 따뜻하고 배부른 생활은 버리기 아깝고 이렇게 앞뒤를 재며 우유부단하니 당연히 큰일을 해낼 수가 없는 것이다.

사회학자들은 미래의 사회가 매우 복잡하고 불확실성이 가득한 고위험성 사회가 될 것이라고 예측한다. 인간의 자유행동 능력이 끊임없이 강화된다면 불확실성도 계속 커질 것이다. 우리 주변에 이미 다양한 변화가 조용히 일어나기 시작했으며 갈수록 많은 사람이 용감하게 그 속에 몸을 던지고 있음을 느꼈을 것이다. 만일 적극적으로 움직여 그 변화에 동참하지 않고 경쟁의식과 위기의식 없이 현실에 안주하여 분발하지 않는다면, 그리고 여전히 깨닫지 못한다면 시대에서 도태되고 용감히 도전하는 사람들에게 뒤처질 것이다. 당당히 최고를 꿈꾸고 강한 모험 정신을 지녀야 한다는 것은 성공한 인사들이 우리에게 주는 시사점이다.

낡은 관습을 고수하거나 용기가 없는 사람은 언젠가 이 시대에서 도태될 것이다. 늘 안정된 것을 원하고 언제나 물러설 길을 남겨두는 것은 겉으로는 안전해 보이지만 사실은 잠재적 위기가 가득한 생존방식이다.

일일이 극복하든지,
중도에 포기하든지

Nietzsche

계획을 실행하기 시작하면 온갖 장애물과 걸림돌, 분노, 원망, 환멸 등이 눈앞에 나타날 것이다. 이때 우리에게는 일일이 극복하거나 아니면 중도에 포기하거나 이 두 가지 선택밖에 없다.

니체는 말했다.

"계획은 언제나 변화를 따르지 못하기 때문에 중도에 포기하지 말고 상황에 따라 유연하게 대처해야 한다."

이 말은 우리에게 과정을 즐기면서 계획을 실현해야 한다는 것을 가르쳐준다.

실제 생활에서 사람들은 모두 자신만의 계획을 갖고 있지만 성공한 사람은 적고 실패한 사람이 대부분이다. 그 이유는 마음가짐이 서로 다르기 때문이다. 어려운 일에 직면했을 때

▼

대부분은 "난 안 돼, 그냥 포기하자" 하며 뒤로 물러서는 길을 선택하고 결국 실패의 구렁텅이에 빠져버린다. 성공한 사람들은 난관에 봉착했을 때 차분한 마음으로 자신에게 "난 해낼 거야! 할 수 있어! 분명 방법이 있을 거야!"라고 말한다.

그렇다. 성공을 위해 노력하는 과정에서 누구나 어려운 문제에 직면하는데 두뇌를 충분히 활용해 전반적인 상황을 잘 파악하고 그에 맞는 전략을 수립해야 난제를 해결할 수 있다. 니체는《즐거운 지식》에서 이렇게 말했다.

'어려운 문제에 부딪히면 초조해지게 마련이지만 초조한 감정은 문제 해결에 아무런 도움도 되지 않는다.'

마음을 가라앉혀야만 냉정하게 문제를 해결할 방법을 궁리할 수 있다.

미국의 영화배우 크리스토퍼 리브는 영화 〈슈퍼맨〉에서 주인공 슈퍼맨 역할을 맡아 일약 스타가 되었다. 그런데 엄청난 재앙이 그를 기다리고 있으리라는 것을 누가 알았겠는가?

1995년 5월, 크리스토퍼는 승마 경기 중 낙마해 머리가 땅에 부딪히며 첫 번째와 두 번째 경추가 완전히 끊어졌다. 닷새 후 크리스토퍼가 간신히 눈을 떴을 때 의사는 그가 살아서 수술실을 떠날 수 있을지 장담할 수 없다고 말했다.

수술 후 전신마비 상태로 병상에 누워 있던 크리스토퍼는 절망에 빠졌고 몇 번이나 자살을 생각했다. 퇴원 후 육체와 정신적인 고통으로 힘들어하는 크리스토퍼를 위로하기 위해 가족들은 그를 차에 태우고 여행을 떠났다. 차가 구불구불 이어진 도로를 달리고 있을 때 아무 생각 없이 창밖을 내다보던 크리스토퍼의 눈빛이 갑자기 바뀌었다. 차가 막다른 길에 다다를 때마다 길옆에 '앞에서 우회전!' 또는 '급회전 조심!' 등의 문구가 적힌 교통 안내판이 나타났다. 그리고 차가 한 굽이를 지날 때마다 눈앞이 확 트이면서 새로운 풍경이 펼쳐졌다. '앞에서 우회전!'이라는 몇 글자가 계속 그의 눈에 들어오면서 꽉 닫혀 있던 그의 마음이 점점 깨어났다. 그렇다. 이 길이 끝이 아니고 이제 코너를 돌 차례인 것이다. 눈앞이 갑자기 환해진 그는 가족들에게 큰 소리로 말했다.

"돌아가자. 나의 길은 아직 끝나지 않았어."

그 후 크리스토퍼는 완전히 변했다. 더 이상 의기소침하지 않고 휠체어를 다리 삼아 영화감독이라는 새로운 직업에 도전했다. 그리고 감독으로서의 첫 영화로 골든글로브상을 수상했다. 그는 또 입으로 펜을 물고 글쓰기에 도전하여 에세이 《크리스토퍼 리브의 새로운 삶》을 출판했는데 발행하자마자 베스트셀러가 되었다. 그뿐만 아니라 그는 신체마비 환자를 위한 교육자원센터를 설립하고 전신마비협회의 이사장으로 당선되었다. 또 콘서트를 열어 장애인 복지 사업을 위해 모금하는 등 유명한 사회운동가로 활약했다.

훗날 시사주간지 〈타임〉이 크리스토퍼 리브의 일을 보도했는데 그 기사에서 크리스토퍼는 자신의 심리 변화 과정을 이렇게 말했다.

"사고를 당하기 전에 나는 내가 할 수 있는 직업이 배우뿐이라고 생각했고 감독, 작가, 공익활동가가 되리라고는 꿈에도 생각하지 못했다. 불행이 닥쳤을 때 그것은 끝이 아니라 코너를 돌 때가 됐다는 것을 일깨워준다."

한 번의 우연한 사건을 계기로 절망에 빠져 삶을 포기했던 크리스토퍼는 이내 새로운 인생길을 선택했고 이 길에서도 과거와 마찬가지로 큰 성공을 거두었다. 전신마비로 몸을 움직일 수도 없는 엄청난 고통 앞에서 그는 보통 사람들과 마찬가지로 목숨을 끊을 생각을 했었다. 절망을 선택하여 소위 운명에 타협한다면 그것은 진정으로 철저한 실패이다. 하지만 마음가짐을 바꾼다면 아주 작은 기회일지라도 다시 성공을 쟁취할 수 있다.

크리스토퍼 리브의 일은 우리에게 살아 있는 것만으로도 행복임을 알려준다. 오늘을 소중히 여기고 이런 마음가짐으로 인생의 곤경에 대처한다면 그 무엇도 우리를 힘들게 할 수 없다.

기나긴 인생 여정에서 누구나 어려운 문제에 부딪혀 앞으로 나아가지 못하고 주저앉거나 심지어 용기를 잃고 낙담하게 된다. 하지만 내일은 아직 다가오지 않았고 어제는 이미 지나갔으니 현재를 소중히 여겨야 한다. 마음가짐을 새롭게 하여 어려움을 이겨내고 새로운 길을 찾아보자.

모든 동작이 모여
자신만의 역사가 된다

Nietzsche

모든 성공은 자신을 변화시키는 데서부터 비롯된다. 자신의 몸에서 낡은 관습의 단점을 끊임없이 벗겨내야 남들보다 앞장서는 사람이 될 수 있고 첫 번째 기회를 잡아 성장할 수 있다.

니체는 말했다.

"사람들은 모두 자신만의 역사를 창조하고 있다. 오늘 무엇을 했는지, 어떻게 했는지가 모두 자신의 역사에 기록된다. 그렇다면 현실에 안주하며 아무런 도전도 하지 않고 더없이 평범하게 살 것인가, 아니면 미래를 향해 용감하게 달려가며 하루하루 점점 더 성장할 것인가? 너의 매순간의 모든 태도가 너의 역사에 영향을 미치고 나아가 역사를 바꾸게 된다는 점을 잊지 말라."

▼

진취적인 정신으로 어제보다 오늘 조금 더 성장한다면 사람들은 누구나 자신만의 역사를 만들어나갈 수 있다. 현대사회에서 남들과 다른 평범하지 않은 인생을 살고 싶다면, 성공한 사람이 되고 싶다면 지금부터 일찌감치 '반드시 큰일을 해내고야 말겠다'고 자신에게 말해야 한다. 감히 생각조차 못하는 사람이 어떻게 성공할 수 있겠는가?

미국의 철강왕 앤드루 카네기가 어릴 때 잉글랜드에서 미국으로 이민 올 때는 그야말로 가난뱅이였다. "나중에 반드시 부자가 되겠다!"라는 굳은 신념을 가진 그는 19세기 말 철강 산업에서 큰 성공을 거두었고 나중에는 철도, 석유 사업에까지 진출해 세계적인 갑부가 되었다. 존 데이비슨 록펠러, 존 피어폰트 모건도 성공에 대한 큰 야망을 가지고 그 야망을 원동력으로 하여 자본주의 초기 미국 경제의 승리자가 되었다.

많은 사람이 꿈과 포부를 갖고 있지만 일단 그것을 현실로 바꾸어야 할 때 불가능하다는 생각을 하며 주저하고 뒤로 물러선다. 이런 '불가능'이 마음속에 뿌리를 내리면 시시각각 사람의 의지와 꿈을 갉아먹는다. 주어진 기회도 이런 '불가능' 속에서 소리 없이 사라져버리고 만다. 사실, 이런 '불가능'은 대개 사람들의 상상일 뿐이다. 용기를 가지고 직극적으로 진격한다면 '불가능'은 '가능'으로 바뀔 수 있다.

어떤 무명의 젊은 마라톤 선수가 있는데 처음 참가한 마라톤 경기에서 금메달을 땄을 뿐만 아니라 세계 기록까지 깼다. 그가 결승점을 통과하자 기자들이 벌 떼처럼 몰려와 질문 세례를 퍼부었다.

"이렇게 좋은 성적을 거둘 수 있었던 비결이 무엇입니까?"

젊은이는 숨을 가쁘게 몰아쉬며 대답했다.

"제 뒤에서 늑대 한 마리가 쫓아오고 있으니까요."

사람들은 기겁하여 뒤를 돌아보았지만 그의 뒤에는 아무것도 없었다. 젊은이는 계속 말했다.

"삼 년 전 산속에서 코치와 함께 달리기 훈련을 하고 있었는데 매일 새벽부터 저녁 늦게까지 정말 열심히 훈련을 했지만 성적이 좀처럼 오르지 않았습니다. 어느 날 새벽, 여느 날처럼 훈련을 하고 있었는데 갑자기 뒤에서 늑대 울음소리가 들려왔습니다. 처음에는 멀리서 들려왔는데 순식간에 바로 뒤에까지 쫓아왔습니다. 저는 너무나 놀라서 감히 뒤도 돌아보지 못하고 젖 먹던 힘을 다해 미친 듯이 도망쳤습니다. 결국 그날 저는 생애 가장 빠른 속도를 기록했습니다."

젊은이는 잠깐 멈추었다가 다시 말을 이었다.

"숙소로 돌아온 후 코치가 저에게 말했습니다. '실력이 부족해서가 아니라 뒤에 늑대가 없어서였구나!' 저는 그제야 알았습니다. 진짜 늑대가 아니라 코치가 늑대의 울음소리를 가장한 것이었습니다. 그날 이후로 저는 훈련할 때마다 뒤에 늑대가 쫓아오고 있다고 생각하고 달렸습니다. 오늘의 경기도

▼

마찬가지로 그 늑대는 여전히 저의 뒤를 바짝 쫓고 있었고 저는 반드시 늑대보다 빨리 달려야 했습니다!"

우리는 모두 자신만의 인생 목표를 갖고 있다. 그러나 우리 뒤에 '늑대'가 쫓아오고 있는가? 인생의 길이 지나치게 편안하고 안일하면 우리는 평생 아무것도 이루지 못하고 평범한 삶을 살게 될 것이다.

우리는 평소에 흔히 '시야'라는 말로 사람의 식견이 넓은지 좁은지, 안목이 있는지 없는지, 관찰력과 사고력이 강한지 아닌지 등을 비유한다. 시야가 넓은지 여부는 사람의 종합적인 소양과 자질을 가늠하는 중요한 잣대이며 그것은 지식의 수준, 사상 이론의 수준에 의해 결정된다. 배우고 나서야 부족하다는 것을 안다는 말이 있듯, 배움을 좋아하는 사람들은 배울수록 더욱 자신의 부족함을 깨닫는다. 그래서 그 부족함을 채우고 한층 더 성장하려고 더 많은 것을 배워 시야를 더욱 넓힌다.

니체는 말했다.

"그 어떤 사람이든 문제를 해결하고자 한다면 반드시 자신의 사상 속에서 문제를 초월해야 한다. 그래야 문제는 더 이상 두려운 존재가 아니게 되고 더 큰 자신감이 생겨 스스로 그 문제를 해결할 능력이 있다고 확신하게 된다."

무언가를 시도할 때 '불가능'하다는 생각을 지레 하지 말자. 반드시 심리적으로 자신을 초월해야만 성공할 수 있다.

희망과 기대가 있으면
기적이 일어난다

Nietzsche

인생에서 가장 중요한 재산은 명예와 이익도 아니고 지위도 아닌 불꽃처럼 타

오르는 희망이다.

혈혈단신인 사람은 열심히 일해서 삶을 더 좋아지게 하려
애쓰지 않고 있는 재산만 파먹다가 결국 고독과 가난 속에서
늙어간다. 반대로 자식이 있는 사람은 부지런히 일하여 부를
모으고 집안을 일으켜 늙어서도 행복한 노년을 보낸다. 어떻
게 보면 자식은 사람들의 희망이다. 그래서일까? 두 부류의
인생 모습은 완전히 다르다.

희망이 있는지 없는지가 삶의 상태를 결정한다. 니체는 이
렇게 말한 바 있다.

"인간은 희망의 힘으로 살아간다. 옛 희망이 현실이 되거

나 사라지면 새로운 희망이 계속 불타오른다. 사람이 살아가는데, 사라지고 또 생기고 하는 희망이 없다면 그의 삶은 이미 아무런 의미도 없다."

그렇다. 마음속에 희망이 있으면 기적이 발생할 수 있고 언제 실현될지 모르는 희망일지라도 믿음을 갖게 한다. 눈빛 속에 희망이 가득한 사람은 긍정적인 마인드를 가졌으며 그것이 바로 성공의 원천이다. 마음이 죽은 사람은 성공을 쟁취하는 원동력을 잃게 마련이다. 희망이 있어야만 인생의 목표가 생기고 그 목표가 이끄는 대로 끝까지 노력하여 마침내 성공을 이루게 된다.

매일 자신에게 희망을 하나 주는 것은 목표와 자신감, 그리고 자신을 이겨내는 용기를 주는 것이다. 이것이 바로 니체의 철학이다.

알렉산드로스 대왕은 페르시아 원정을 떠나기 전에 자신의 모든 재산을 부하들에게 나누어주었다. 그러자 한 신하가 물었다.

"폐하, 진정 아무것도 안 가져가십니까?"

"나는 희망을 가져간다네. 오로지 희망이라는 이 보물 하나면 된다네."

그렇다. 희망은 세상에서 가장 소중한 보물이다. 순탄한 환경에서는 사람을 더욱 열정 넘치게 하고 힘든 역경 속에서는 끝까지 포기하지 않게 한다. 인생은 희망 때문에 더욱 의미가 있고 즐거워진다. 희망은 성공의 촉매이며 미래에 대한 동경이자 삶의 활력의 원천이다. 희망이 없는 인생은 소금을 넣지 않은 반찬과 마찬가지로 무미건조하다. 마치 니체가《인간적인 너무나 인간적인》에서 말한 것처럼 말이다.

'인생에서 가장 중요한 재산은 명예도 이익도 지위도 아닌, 불꽃처럼 타오르는 희망이다.'

주막에서 연주와 이야기로 먹고 사는 맹인 사제가 있었다. 제자는 연습을 하기는커녕 하루 종일 무능력한 자신을 원망하며 한숨만 푹푹 내쉬었다. 심지어 삶의 의지를 잃고 연주도 제대로 배우지 못했다.

얼마 후 스승이 큰 병에 걸려 세상을 떠나게 되었다. 임종 전에 그는 제자에게 말했다.

"눈을 뜨게 하는 처방을 너의 거문고 안쪽 홈에 넣어두었다. 거문고 줄이 천 개 끊어지고 나면 그 처방을 꺼낼 수 있을 것이야. 하지만 부지런히 연습해서 줄이 끊어져야만 효과가 있다는 것을 잊지 말아라."

말을 마친 후 스승은 숨을 거두었다.

눈을 뜨게 하는 처방이라니? 제자는 눈을 뜰 수 있다는 희망에 스승의 유언을 마음속 깊이 새기고 열심히 거문고를 연습했다.

그렇게 30년이 흘렀고 제자는 어느새 50세를 바라보게 되었다. 마침내 천 개째 줄이 끊어지자 그는 거문고 안쪽 홈에서 처방을 적은 종이를 꺼냈다. 그는 희망에 부푼 마음으로 눈을 뜨게 하는 묘약이 무엇인지 옆 사람에게 봐달라고 했다. 그런데 뜻밖의 대답이 돌아왔다. 그 종이에는 아무 글자도 적혀 있지 않았던 것이다.

제자는 그제야 스승의 마음을 깨달았다. 천 개의 줄이 끊어지도록 연습하는 사이에 그의 연주 실력은 크게 늘었고 이것은 생계수단이 되었다. 눈 뜨는 처방을 얻기 위해 열심히 연주 연습을 한 덕분에 그는 존경받는 예인이 되었던 것이다.

스승은 맹인인 자신의 처지를 한탄하며 인생을 비관하고 심지어 살아갈 용기를 잃은 제자에게 희망을 주었고 바로 그 희망 덕분에 제자는 유명한 예인이 될 수 있었다.

마음속에 희망이 가득하다면 세상에는 하지 못할 일이 없다. 어제의 희망이 오늘의 현실이 되기 때문이다. 사람이 세상을 살아가면서 희망이 없으면 마치 햇빛과 공기, 물과 음식이 없는 것과 같다. 그렇다면 희망은 대체 무엇일까? 희망은 바로 기대이고 바람이다. 생활 속 가장 어두운 구석을 훤하게 비춰주는 가장 눈부신 햇빛이고 줄곧 우리의 곁을 지켜주는 신념이다. 희망을 가지면 삶의 방향과 원동력을 갖게 된다.

▼

두려워하지 말고
포기하지 말라

Nietzsche

고생하는 사람은 비관할 권리가 없다. 고생하는 사람이 비관하면 현실에 맞설
용기가 없어지고 고난과 싸울 힘이 없어져서 결국은 더 큰 고통을 받는다.

'신은 죽었다.'

니체의 이 말은 신에 대한 무정한 비판이다. 그는 광인의 입을 빌려 자신이 바로 신을 죽인 범인이라고 말하며 신은 죽어 마땅하다고 지적했다. 니체는 기독교 윤리가 사람들의 마음을 구속하고 인간의 본능을 억압하기 때문에 인간이 자유를 얻기 위해서는 반드시 신을 죽여야 한다고 말했다. 세상을 대하는 니체의 마음이 얼마나 용감한지를 알 수 있다.

성공을 추구하고 사업을 일으킬 때 거의 모든 사람이 실패를 경험한다. 그런데 실패는 두려운 걸까? 당신은 실패가 두

려운가? 만약에 실패를 두려워한다면 우리는 아무것도 이루지 못할 것이다. 왜냐하면 실패의 경험이 마냥 나쁜 것만은 아니고 어쩌면 니체가 말했듯 '우리에게 가장 큰 영광은 바로 모든 사람이 실의에 빠진 날들을 겪었다는 것'이기 때문이다. 위대한 발명가 토머스 에디슨은 "어려움 앞에서는 포기하는 사람만이 진정한 실패자다"라고 말했다.

사람들이 어려움 앞에서 무너지는 주요 원인 중 하나가 바로 스스로 자신이 어려움을 이겨내지 못하고 패배할 것이라고 생각하기 때문이다.

이는 마치 복싱 선수가 링에 오른 후 상대방이 자신보다 체구가 훨씬 큰 것을 보고 놀라서 까무러친 것과 같다. 상대 선수의 주먹에 맞아 쓰러진 것이 아니라 자신이 자신을 쓰러뜨린 것이다! 우리는 용감하게 앞으로 돌진해야 한다. 시도해보지도 않고 어떻게 실패할 거라고 단언하겠는가? 그리고 실패하면 또 어떤가?

《세상에서 가장 큰 상인》의 저자 오그 만디노는 이렇게 말했다.

"내가 아무리 많은 시도를 했고 또 내가 선택한 사업에서 얼마나 완강하게 흔들림 없이 뛰어난 성과를 이루어냈든, 그리고 앞으로 얼마나 많은 대가를 치러야 하든 좌절과 신패는 언제나 그림자처럼 나를 따라다닐 것이다. 제아무리 의지가 강하고 영웅의 기개를 지닌 사람이라도 평생의 시간 대부분

▼

을 실패에 대한 두려움 속에서 보낸다."

하버드대학교 교수였던 크리슈나 팔레푸(Krishna Palepu)는 이런 말을 했다.

"사람에게 행복한 결말은 담담하고 안정된 생활의 즐거움을 누리는 것이 아니라 장렬하게 불행과 맞서 싸우는 것이다."

미국인들은 기회란 인생의 모든 단계에서 다 잡을 수 있는 것으로 여긴다. 설령 60세에도 여전히 가난한 빈털터리일지라도 용기만 있다면 '새롭게 태어날' 기회를 얻을 수 있다고 믿는다.

고령화 현상이 점점 심각해짐에 따라 미국에서는 60세 이후에 창업하는 노년 여성들이 점차 증가하고 있다. 또한 그들 대부분이 열심히 노력하고 분발하는 이유는 생활고 때문이 아니라 매일 똑같이 반복되는 지루한 인생에 싫증을 느껴서다. 남은 세월을 더 다채롭고 더 멋지게 살고 싶기 때문이다.

미국 할머니들의 이 같은 결정은 세월의 세례를 거친 그들의 자태를 더욱더 기품 있어 보이게 했다. 63세의 리즈 부인은 911 테러를 목격한 후 더 이상 비누와 오트밀을 판매하는 일을 하고 싶지 않았다. 그녀는 남은 인생 동안 좀 더 의미 있는 일을 하기로 결정했다. 그녀는 비누와 오트밀 판매로 여섯 자릿수(달러 기준)의 연봉을 받는 고액 연봉자였다. 그런데 풍요로운 생활을 포기하기로 결심한 것이다.

어쩌면 세월을 두려워하지 않고 새로운 삶을 동경하는 이런 용기가 리즈 부인의 매력일지도 모른다. 그녀는 기존의 여유로운 생활을 포기하고 다시 대학교로 돌아가 MBA 공부를 시작했고 졸업 후 자신이 좋아하는 회사를 열기로 결심했다.

개인심리학의 선구자인 알프레트 아들러는 이렇게 말했다. "실패를 아무렇지 않게 생각할수록 실패는 결국 그대를 어떻게 하지 못한다. 마음의 균형을 잘 유지한다면 성공의 가능성은 더 커진다."

이것은 아주 유력한 건의다. 실패조차도 긍정적인 가치가 있으며 아마 신이 우리에게 준 상일지도 모르겠다.

니체는 "내가 처음 상류사회에 입성했을 때 받은 공격은 바로 훗날 성공의 토대가 되었다"라고 말했다. 그는, 실패는 한 사람을 파멸시킬 수도 있지만 한 사람을 완성시킬 수도 있다는 점을 지적했다. 의지가 강한 사람에게 실패는 오히려 실패 극복에 필요한 의지를 제공해준다. 실패의 자극 때문에 오히려 더 성공으로 다가간 것이다.

사람들은 좌절에 부딪혔을 때 다양한 태도를 취한다. 종합해보면 크게 두 가지 태도로 분류할 수 있는데, 한 가지는 적극적인 진취, 즉 이성적 태도로서 이때의 좌절은 사람으로 하여금 더욱 적극적으로 성공을 추구하게 한다. 다른 한 가지는 소극적인 방비, 즉 비이성적 태도로서 이때의 좌절은 사람으로 하여금 목표를 포기하게 하거나 심지어 마음의 상처를 입히기도 한다.

인생은 마라톤 경기와도 같다. 인생이라는 마라톤 경기는 길고도 험난하며 따라서 인내하고 견지하고 분투해야 한다. 긴긴 인생의 길에서 성공을 얻고 싶다면 꾸준히 버티고 참고 끝까지 싸워야 한다. 사람을 대하거나 일을 할 때 모두 백절불굴의 정신이 있어야 한다.

고대 그리스의 철학자 소크라테스는 "역경은 사람을 단련시키는 최고의 학교다"라고 말했다. 또한 오노레 드 발자크는 "천재에게 어려움은 디딤돌이며 일을 잘하는 사람에게는 부의 원천이요, 약자에는 헤어 나올 수 없는 구렁텅이다"라고 말했다.

역경은 사람을 파멸시킬 수도 단련시킬 수도 있는 이중성을 띤다. 그것은 약자를 의기소침하게 하여 스스로를 파멸하게 만들 수 있고 또한 강자에게는 새로운 단계에 올라서 자강불식하게 한다. 좌절과 어려움에 대해서는 영원히 포기하지 않고 끝까지 견지해야 승리의 기쁨을 맛볼 수 있다.

인생의 곤경과 도전에
맞서라

Nietzsche

어쩌면 나에게 더 좋은 기회를 주지 않았다고 세상을 원망하고, 나 자신에게

좋은 운명이 주어지지 않았다고 한탄했던 것이 나의 오늘을 만들었을지도 모

른다.

사람들은 종종 말한다.

"성공을 위해 수천 번을 시도했지만 성과가 없었다."

이 말이 사실일까? 천 번은 고사하고 백 번, 아니 열 번이라
도 제대로 시도했는지 의문스럽다. 아마 여덟 번, 아홉 번 내
지는 열 번까지 시도했다가 성과가 없자 결국 다시 해볼 생각
을 접었을 것이다. 더 시도하고자 하는 마음가짐이 정말 있다
면 반드시 성공할 수 있을 것이다. 이런 마음가짐의 법칙은 다
양한 실패 상황에 적용된다.

▼

니체는 이렇게 말한 바 있다.

"방법이 없는 상황은 의지가 강한 사람에게 특별히 매력적으로 느껴진다. 왜냐하면 그들은 불편한 인생을 포옹할 때만 진정한 자신을 만나게 되기 때문이다."

우리의 실패는 성공을 얻기 위해 아직 많은 것이 필요하기 때문일 것이다. 고대 그리스의 철학자 에우클레이데스는 "총체는 각각의 부분을 모두 합한 것과 같으며 그 어떤 한 부분보다 크다"라고 말했다. 이 원리는 우리의 문제를 설명할 수 있다. 중요한 것은 모든 필요한 부분을 다 갖추어서 총체를 완성시켜야 한다.

1918년, 제대해서 집으로 돌아온 폴 갤빈(Paul Galvin)은 배터리 공장을 차렸다. 그런데 열심히 노력하는데도 배터리 판로를 찾지 못해 고전했다.

어느 날, 밖에 나가 점심을 먹고 공장으로 돌아왔는데 공장 대문에 커다란 자물쇠가 잠겨 있었다. 공장이 차압당한 것이다. 심지어 사무실 옷걸이에 걸어놓은 코트도 꺼낼 수 없었다.

1926년, 갤빈은 친구와 함께 라디오 장사를 벌였다. 당시 미국 전역에 라디오가 약 3천 대뿐이고 2년 뒤에는 약 100배가 늘어날 것이라고 예상했다. 그런데 이 라디오들은 모두 배터리를 사용하는 것이었다. 그래서 이들은 필라멘트 전원 정류기를 발명하여 배터리를 대체하기로 했다. 나쁘지 않은 생

▼

각이었지만 제품은 여전히 팔리지 않았다. 장사는 갈수록 안되었고 또다시 문 닫을 위기에 처했다. 다행히 이번에는 갤빈이 통신 판매방식을 생각해내어 많은 고객을 확보했다. 수중에 돈이 들어오자 그는 곧바로 정류기와 교류진공관 라디오를 전문으로 생산하는 회사를 설립했다. 하지만 3년도 지나지 않아 갤빈은 또다시 파산하고 말았다.

벼랑 끝까지 몰린 갤빈은 이제 마지막이라고 할 기회를 잡기로 했다. 당시 그는 라디오를 자동차에 탑재하려고 생각했지만 기술적인 문제가 해결되지 않아 현실화하지 못하고 있었다.

1930년 말, 그의 공장은 장부상 적자가 374만 달러에 달했다. 어느 날 밤에 갤빈이 집으로 돌아오자 아내가 그를 기다리고 있었다. 먹을 것이 떨어지고 월세도 내야 하는데 온 집을 다 뒤졌지만 겨우 24달러가 전부였다.

그러나 갤빈은 끝까지 포기하지 않았다. 온갖 고생을 다 이겨내며 노력한 끝에 갤빈은 마침내 큰 성공을 거두었다.

성공의 길은 원래 순탄하지 않고 얻는 것이 있으면 반드시 잃는 것도 있다. 역경에 처했을 때 적극적인 마음가짐으로 최선을 다하지 않는다면 좌절 앞에 무너지게 될 것이다. 사실, 세상 사람들은 누구나 다 어려움과 역경에 직면할 때가 있다. 중요한 것은 그때 그것을 어떻게 처리하느냐다. 어떤 사람들은 역경 앞에서 소극적이고 부정적인 마음가짐으로 영원한 실패자로 전락하는가 하면 어떤 사람들은 적극적이고 긍정적으로 역경에 맞서 싸워 어둠을 뚫고 성공의 길로 나아간다.

역경을 피할 수 없다면 역경 속에서 원동력을 찾아야 하고 이 원동력을 바탕으로 성공의 길로 나아가면 된다. 우리는 역경을 성공의 징조로 생각해야 한다. 니체는 말했다,

"곤란과 좌절은 신이 우리를 시험하기 위해 일부러 준비한 것이며 사실 그것은 바로 성공의 화신이다. 성공과 실패는 우리의 손에 달려 있다."

이 말을 명심하자. 모든 좌절 또는 불리한 격변은 똑같은 내지는 좀 더 큰 유리한 씨앗을 갖고 있다. 가장 위험한 상황에 처했을 때가 바로 사람의 능력이 최대한으로 폭발할 때다. 모든 일은 다면성을 갖고 있으며 우리는 단지 그중의 한 단면만을 보았을 뿐이다.

원유 시추업자 듀크 루드만은 과거를 회상할 때 이렇게 말했다.

"학교에서 해고당한 후 유전에 가서 일을 구했다. 그곳에서 경험이 점점 많아지면서 혼자 독립적으로 석유탐사를 하고 싶다는 생각이 들었다. 그래서 돈이 생길 때마다 설비를 임대해서 석유탐사작업을 했다. 연속 이 년 동안 거의 삼십여 개의 석유갱을 발굴했지만 모두 마른 석유갱이었다. 그때는 정말

▼

크게 실망했다."

당시 듀크의 상황은 정말 좋지 않았다. 나이는 거의 마흔이 다 되어가는데 가진 것이라고는 아무것도 없었다. 그러나 그는 무너지지 않았고 오히려 예전보다 더 열심히 노력했다. 그는 석유채굴과 관련된 다양한 서적을 찾아 읽고 풍부한 이론 지식을 습득했다. 이론지식을 충분히 갖춘 후 그는 또다시 설비를 빌려서 석유탐사에 나섰다. 그리고 이번에는 마침내 시커먼 석유를 분출하는 석유갱을 찾아냈다.

실패는 두렵지 않다. 두려운 것은 마음이 죽는 것이다. 세상 그 누구도 실패를 원하지 않지만 실패는 피할 수 없는 것이다. 니체는 말했다.

"다음과 같은 세 가지 이유 때문에 실패는 흔히 성공의 초석이 될 수 있다. 첫 번째, 실패는 새로운 기회의 문을 열어 새로운 인생의 기회를 맞이할 수 있다. 두 번째, 실패는 자만에 빠진 사람에게 정신을 차리게 하는 약제가 될 수 있다. 세 번째, 실패는 어떤 방법이 잘못된 것이고 성공하기 위해서는 또 어떤 방법이 필요한지를 알게 해준다."

이 세 가지 이유로 비추어볼 때 실패가 가져다준 역경이 꼭 나쁜 것만은 아님을 알 수 있다. 역경 속에서 원동력을 찾는다면 성공을 얻는 데 큰 도움이 될 것이다.

끈기 있는 사람이 되려고
노력하라

Nietzsche

자신의 삶을 위해 언제나 끈기 있는 사람이 되어야 한다. 인생의 수확은 늦을 수도 이를 수도 있고, 많을 수도 적을 수도 있다. 중요한 점은 그것을 끝까지 포기하지 않고 고집하는 일이다. 그 자체에 바로 생명의 의미가 있다.

끈기는 부지런히 노력하는 담담한 마음, 강철 같은 정신과 굳건한 절개다. 생존에 끈기가 필요할 뿐만 아니라 마음에도 끈기가 필요하다. 사람은 살면서 자신을 앞으로 나아가게 이끌어주는 무언가가 있어야 하며 그것을 좇기 위해 죽을힘을 다해 달릴 수 있어야 한다. 어쩌면 아무리 달려도 그것을 따라 잡지 못할 수도 있지만 끈기 있게 무언가를 추구하는 것은 비록 힘들고 고달프지만 더없이 큰 행복이기도 하다.

실생활 속에서는 끈기 있게 자신이 좋아하는 일에 전념하는 사람들이 매우 많다.

　피트의 세일즈맨으로서의 삶은 한 신문사의 광고 영업 사원에서부터 시작됐다. 피트는 처음부터 일반 영업 사원들과는 완전히 다른 영업방식을 선택했다. 보통의 영업 사원들은 광고를 따기 쉬운 곳부터 찾아갔지만 피트는 다른 사람들이 다 힘들어서 마다한 광고주 리스트부터 작성하여 자신의 영업 대상으로 삼았다. 모든 영업 사원이 다 고개를 절레절레 흔드는 이 광고주들을 만나러 가기 전에 피트는 늘 신문사 근처에 있는 공원에 가서 그들의 이름을 100번씩 크게 소리 내어 불렀다. 그러고는 자기 자신에게 이렇게 말했다.

　"이번 달 안에 그는 반드시 나에게서 광고 지면을 살 거야!"

　물론 현실은 말처럼 쉽지 않았다. 한 고객은 피트가 최선을 다해 설득했음에도 그의 요청을 단번에 거절했다. 그러나 피트는 낙담하지 않고 다음 날부터 매일 아침 고객을 찾아갔다. 고객의 가게가 문을 열기를 기다렸다가 가게 안으로 들어가서 고객을 설득했고 고객이 단호하게 싫다고 말하면 더 이상 귀찮게 하지 않고 말없이 나왔다. 그리고 이튿날 또다시 찾아갔다.

　그렇게 한 달이 지났다. 피트에게 60번이나 '싫다'고 말했던 고객이 마침내 참다못해 피트에게 물었다.

　"당신은 내가 광고를 하지 않겠다고 하는데도 두 달 동안이

나 나를 설득하는 데 시간을 낭비했습니다. 도대체 왜 이러는 겁니까?"

피트가 대답했다.

"저는 시간을 낭비하지 않았습니다. 지난 두 달 동안 저는 공부하고 있었고 고객님이 바로 저의 선생님이었습니다. 저의 끈기를 훈련시켜주었습니다."

피트의 말에 고객은 자기도 모르게 고개를 끄덕였다.

"당신의 말이 맞습니다. 사실 나도 지난 두 달 동안 공부를 하고 있었고 나의 선생님은 바로 당신이었습니다. 당신은 나에게 포기하지 않는 것이 무엇인지를 가르쳐주었고 이것은 재물보다 훨씬 더 가치 있는 것이었습니다. 그래서 당신에 대한 감사의 뜻으로 당신 회사의 광고 지면에 투자하겠습니다. 내 학비라고 생각해주세요."

피트는 결국 성공적으로 영업을 해냈다. 물론 이 성공의 가장 큰 의의는 끈기가 얼마나 중요한 것인지를 보여주는 데 있다. 포기하지 않고 끝까지 노력하는 것은 성공의 가장 기본적이고 가장 믿을 수 있는 보장이다. 이런 끈기가 없으면 난관에 부딪혔을 때 쉽게 무너지고 눈앞에서 호기를 놓치게 된다.

시시포스는 신들의 노여움을 사 그 형벌로 커다란 바위를 산꼭대기로 밀어 올려가야만 했다. 산꼭대기에 이르면 중력 때문에 바위가 다시 아래로 굴러떨어지곤 하여 그는 산 아래로 내려가 처음부터 다시 바위를 산 위로 밀어 올려야 했다. 신들은 이처럼 기계적이고 영원히 되풀이되는 고역보다 더 엄격한 벌은 없다고 생각했다. 니체는 말했다.

"시시포스는 그 즐거움에 푹 빠졌다. 힘찬 발자국이 하나씩 땅에 찍힐 때마다 인생은 끊임없는 추구로 충실해져갔다. 이 신화 이야기는 끈기와 인내 정신의 상징이 되었다."

중요한 직위에 있는 높은 사람도 시장 거리의 잡부도, 혼잡스러운 도시에 있어도 한적한 시골 마을에 있어도, 오직 끈기가 있어야만 사람들이 흔히 생각하는 득과 실, 명예와 치욕을 홀가분하게 던져버리고 호쾌한 마음으로 여유롭게 세상을 대할 수 있다. 이는 장기투자와 같으며 성공은 이 투자에 대한 일시금 형태의 보상이다. 자신이 좋아하는 것을 끈기 있게 고집하며 그 속에서 성공과 수확을 추구하는 것, 이것이 바로 생명의 가치와 의미다.

승부를 거는 사람이
성공한다

Nietzsche

이기고 싶다면 먼저 인생을 걸 줄 알아야 한다.

어떤 사람들은 남들보다 더 열심히 해서 성공하고 어떤 사람들은 운이 좋아서 성공하며 또 어떤 사람들은 절호의 기회를 잘 잡아서 성공한다. 그런데 어떤 사람들은 이런 조건들을 다 갖추었음에도 여전히 성공하지 못한다. 이유가 무엇일까?

"실의로 향하는 길에서 흔히 좋은 기회를 놓치게 된다."

니체는 이렇게 말했다. 기회는 '내가 기회다' 하고 이름표를 붙이고 나타나지 않는다. 오히려 불행과 좌절과 곤란의 모습으로 변장하고 나타난다. 한 치 앞을 못 보는 사람은 기회의 본모습을 알아보지 못하고, 반응이 느린 사람은 더더욱 기회를 포착하지 못한다. 오직 독특한 안목을 가진 사람만이 기회를 발견하고 또 손안에 넣을 수 있다.

어떤 야구팀의 코치가 이런 말을 했다.

"선수의 타율이 아무리 높고 수비력이 아무리 강하며 도루 속도가 아무리 빨라도 마음속으로 지나치게 긴장하면 나는 그를 타석에 내보내지 않을 것이다. 메이저리그의 선수가 되려면 상당한 실력을 갖추어야 한다. 동작이 정확해야 하는 것은 기분이고 여유로운 마음으로 근육의 운동을 적절하게 조절해야만 모든 근육과 세포가 충분히 리듬과 탄력을 갖추게 되고 결정적인 순간에 본인이 원하는 대로 공을 받거나 타구를 할 수 있다. 만약에 너무 긴장해서 마음을 차분하게 가라앉히지 못하면 온몸의 근육도 따라서 굳어버리고 중요한 순간에 해야 할 동작을 완벽하게 완성하지 못하게 된다. 상대방이 던진 공이 날아오고 있는데 온몸의 신경이 팽팽하게 당겨져 있다면 어떻게 공을 잘 쳐내겠는가?"

그의 이 말은 비단 운동선수에게만 해당되는 것이 아니다. 무릇 우수한 사람들은 항상 적극적이고 여유로운 마음으로 일을 하며 그들의 강한 의지와 자신감이 자신도 모르는 사이에 최대의 잠재된 에너지를 끌어내어 일과 하나가 되게 한다. 물론 모든 사람에게 다 그런 행운과 기회가 주어지는 것은 아니다. 하지만 소극적인 사람은 기회를 기다리고 적극적인 사람은 기회를 창조한다는 것을 잊지 말아야 한다.

▼

나폴레옹은 죽음의 길을 탐측하는 임무를 맡은 엔지니어들에게 이렇게 물었다.

"이 길로 지나갈 수 있겠는가?"

"아마도요."

그들의 대답은 확실하지 않았다.

"아마도 벼랑 끝에 있는 것 같습니다."

"그렇다면 전진하라!"

나폴레옹은 엔지니어들의 우려를 신경 쓰지 않았다.

출발 전에 모든 병사와 장비를 꼼꼼히 점검했다. 찢어진 신발, 구멍 난 양말, 해진 옷, 망가진 무기 등을 즉시 수선하거나 새것으로 교체했다. 모든 준비 작업을 마친 후 부대가 전진하기 시작했다. 승리를 확신하는 사령관의 정신은 병사들의 사기를 북돋아주었다.

병사들 허리띠의 반짝이는 빛이 알프스산맥의 아찔한 절벽 위에, 높은 산 정상의 운무 속에 나타났다. 군대가 예상치 못한 곤경에 처할 때마다 힘찬 돌격 나팔 소리가 울려 퍼졌다. 비록 등반길 곳곳에 위험이 도사리고 있었지만 그들은 일사불란하게 움직였고 단 한 명도 낙오하지 않았다! 나흘 뒤에 이 부대는 갑자기 하늘에서 툭 떨어진 것처럼 이탈리아의 평원에 나타났다.

이 '불가능'한 일이 완성된 후에야 사람들은 이것이 가능한 일이었음을 깨달았다. 많은 사령관이 필요한 장비와 강한 군사를 모두 갖추었지만 굳센 의지와 결심, 도전의 용기와 자신감이 없었고 마음가짐이 부족했다. 그러나 나폴레옹은 어려움을 두려워하지 않고 영리한 머리로 자신에게 주어진 상황을 정확하게 포착했다.

니체는 "이기고 싶다면 먼저 인생을 걸 줄 알아야 한다"라고 말했다. 평계 대기를 좋아하는 사람은 자신의 실패를 기회가 없었던 탓이라고 말하지만 수많은 성공 사례를 통해 볼 수 있듯, 기회는 오로지 자신의 손에 달려 있다. 기회가 찾아왔을 때 우물쭈물 망설이다 놓치지 말고 과감하게 손안에 꽉 쥐어야 한다. 마음이 하는 말을 따르면서 용감하게 기회를 창조하고 여유로운 자세로 도전에 맞선다면 당신도 알프스산 위에 우뚝 선 나폴레옹의 병사들처럼 인생의 정상에 우뚝 설 것이다.

Schopenhauer,
Arthur

**Nietzsche,
Friedrich Wilhelm**

Chapter 4

니체가 말하는 진실한 감정이란;
행복의 비법을 찾아라

불행한 어린 시절을 보내고 평생 독신으로 살았던 사람, 인생 말미에 가족들의 정성 어린 간호를 거절하고 마음속의 숭고한 이상을 위해 수도승처럼 비바람 휘몰아치는 세상을 떠돌면서 배고픔을 참고 사색하며 명상한 사람. 그가 바로 니체다. 고독은 그의 심오한 사상을 완성시켰다. 인간 사랑에 대한 그의 이성적인 사고는 바로 자신의 고독한 인생에 대한 깨달음에서 비롯된 것이다.

진정한 사랑은
상대방에 대한 관용이다

Nietzsche

존경은 상대방과의 사이에 어느 정도 거리 내지는 경외심이 존재한다는 것을 의미한다. 존경이 상급자와 하급자의 관계에 존재한다면 그것은 평등한 것이 아니다. 하지만 사랑에는 상하의 구분이 없고 큰 힘의 격차도 없다. 사랑은 모든 것을 포용한다.

니체는 평생 결혼하지 않았지만, "사랑은 곧 관용이다. 사랑은 심지어 정욕까지도 용납할 수 있다"라고 말했다. 이 말은 사랑하는 사람 사이의 관계를 명확하게 규명한 셈이다. 그렇다. 사람은 살면서 뜻대로 되지 않는 일을 겪고 마음에 들지 않는 사람을 만나게 마련이다. 결혼과 사랑에서도 마찬가지다. 이때 용서하는 법을 배우지 못하면 삶이 힘들고 고통스러워진다. 용서는 매너이고 정이며 일종의 용매제이고 서로를 이해하는 윤활유이다. 용서는 마치 우산과도 같아 거센 빗줄기를 막아준다. 때로는 상대방을 용서하는 것으로 자신의 행복이 완성된다.

캐나다에는 남북으로 길게 뻗은 산골짜기 하나가 있다. 이 평범한 산골짜기에서 유일하게 사람들의 눈길을 끄는 점이 바로 서쪽 언덕에는 다양한 나무가 자라고 있고 동쪽 언덕에는 히말라야삼목만 자라고 있다는 것이다. 이 기이한 경관은 그동안 이렇다 할 결론을 내지 못하고 수수께끼로 남아 있었는데 마침내 한 부부가 수수께끼를 풀었다.

어느 겨울이었다. 이혼의 위기에 처한 부부는 사랑했던 느낌을 되찾기 위해 낭만 여행을 떠나기로 했다. 옛날에 느꼈던 사랑의 감정을 되찾는다면 계속 함께 살고 그렇지 못하면 서로 좋게 헤어지기로 한 것이다.

그들이 산골짜기에 도착했을 때 마침 함박눈이 내리기 시작했다. 그들은 텐트 안에 앉아서 하늘 가득 흩날리는 눈을 바라보았는데 풍향 때문에 서쪽 언덕보다 동쪽 언덕의 눈이 더 많이 내리고 있었다. 곧 히말라야삼목에 눈이 두껍게 내려앉았다. 그런데 눈이 일정한 두께로 쌓일 때마다 히말라야삼목의 탄력 있는 나뭇가지가 아래로 구부러지면서 나뭇가지에 쌓이던 눈이 땅으로 떨어졌다. 그렇게 반복하면서 나무는 폭설에도 전혀 손상을 입지 않았다. 하지만 다른 나무들은 이런 재주가 없기 때문에 쌓인 눈에 눌려 나뭇가지가 부러졌다.

아내가 남편에게 말했다.

"동쪽 언덕에도 예전에는 다양한 나무가 자라고 있었는데 나뭇가지를 구부릴 줄 몰라서 폭설에 눌려 죽었나 봐."

남편은 고개를 끄덕였다. 순간 두 사람은 무언가를 깨달은 것처럼 서로 껴안고 뜨겁게 입을 맞추었다. 남편이 흥분한 목소리로 말했다.

"수수께끼의 답은 바로 그거였어! 외부에서 압력이 주어졌을 때 최선을 다해 감당하고 도저히 감당이 안 될 때는 저 히말라야삼목처럼 살짝 굽히는 법을 배워야만 쓰러지지 않는 거야."

이 부부의 경험은 결혼과 사랑에 대해 감내하고 용서하는 법을 배워야 한다는 진리를 말해주고 있다. 상대방을 용서하는 것은 곧 자기 자신을 돕는 것이다.

니체는 말했다.

"관용은 미덕이고 잘못을 한 사람에 대한 구원이며 자신의 마음을 승화시키는 길이다."

실생활 속에서 상대방이 자신에게 무엇을 잘못했는지, 자신에게 얼마나 큰 손실을 입혔는지만 따지지 말고 그것이 과연 그렇게 화낼 만한 일인지, 상대방이 일부러 그런 것인지 아니면 실수로 그런 것인지, 상대방이 평소에 자신에게 어떻게 했는지부터 먼저 생각해야 한다. 상대방에게 기회를 주는 것은 또한 자신에게 기회를 주는 것이다. 어떤 사람들에게는 벌보다 용서가 훨씬 더 효과적이다.

사랑하는 사이에도 자주 갈등과 충돌이 발생한다. 어쩌면 상대방은 무심코 한 행동이거나 말 못 할 사정이 있을 수도 있으니 뒤로 한 발 물러나서 아무렇지 않게 한번 웃어넘길 줄도 알아야 한다. 상대방에게 기회를 주는 것은 나에게 기회를 주는 것이기도 하며 뜻밖의 결과를 얻을 수도 있다. 대신 도저히 용서가 안 되는 잘못에 대해서는 당신이 사랑하는 사람이 바뀔 수 있을 것이라 믿어야 한다.

상대방이 바뀌기를 바란다면 나 자신부터 바뀌어야 한다. 세 살 때 버릇이 여든까지 간다고 하지만 때로는 믿음만 있으면 사람은 바뀔 수 있다. 특히 자신이 사랑하는 사람이라면 상대방에게 기회를 줘야 한다. 그러나 상대방에게만 고치라고 요구할 것이 아니라 자신도 상대방이 참기 힘들어하는 습관이나 행동을 고쳐야 한다.

니체는 말했다.

"사랑은 약속으로 통제하고 속박할 수 있는 것이 아니다. 행위는 약속할 수 있지만 사랑의 감성은 약속할 수 없기 때문이다. 사랑이 이런 느낌에서 오기 때문에 아름다움의 화신이 된 것이다. 우리가 사랑하는 것은 바로 이런 행위 자체다."

니체는 우리에게 사랑을 대하는 올바른 태도를 말해주고

있다. 바로 느낌을 믿고 강요하지 않고 자연스럽게 대하는 것이다. 그렇다. 사랑은 세상에서 가장 아름다운 것이다. 친구가 좋은 여자 찾아서 결혼하라고 권하자 니체는 대답했다.

"사랑은 세상 만물 속에서 자연스럽게 생겨나야 하며 본디 형태가 없는 것이기 때문에 일부러 정답을 결론 낼 수 없다."

사랑은 자연성을 갖고 있기 때문에 사랑의 첫 번째 기준은 편안함이고 그다음이 즐거움이라는 것을 니체는 말해주고 있다. 이는 니체의 사랑의 기준일 것이다. 사랑은 자연에서 비롯되며 자연적으로 발생한 사랑만이 더욱 오래간다. 사랑은 우리의 마음속 깊은 곳에 숨어 있으며 마음속 깊은 곳까지 스며드는 사랑만이 가장 아름다운 것이다. 그렇기 때문에 사랑이 찾아오면 눈먼 사랑이나 어리석은 사랑이 아니라 홀가분하고 편안한 사랑을 해야 한다.

사람은 기분에 따라 눈에 보이는 풍경이 달라진다. 홀가분하고 편안한 마음을 가질수록 더욱 즐거워진다. 또한 사랑이 사라졌을 때에도 지나치게 집착하지 말아야 한다. 자아가 없는 사랑은 사랑 본래의 의미를 잃은 것이기 때문에 두 손을 천천히 놓으려고 노력해야 한다.

가정을 꾸리는 것은 쉬운 일이 아니다. 두 사람이 함께 노력해야만 행복한 결혼생활을 꾸려나갈 수 있다. 그런데 그것을 무너뜨리기는 너무나 쉽다. 행복한 가정은 두 사람이 만나 마음과 마음이 하나 되고 함께 비바람을 헤쳐나가는 동안 서로

▼

끊임없이 스스로 반성하고 부족한 부분을 바꿔나가야 한다. 더 중요한 것은 두 사람 모두 너그럽고 열린 마음으로 상대방에게 먼저 다가가서 사랑하는 법을 배워야 한다.

결혼 초기와 사랑을 시작한 초기에 서로에게 적응하는 시기가 있는데, 이때 대부분 상대방을 자기가 원하는 대로 바꾸려고 한다. 상대방이 더 완벽해지기를 요구하고 어떤 잘못을 하기라도 하면 어렵게 가꾼 사랑을 지옥으로 날려버린다. 사랑이 힘들고 고통스러워지는 이유가 바로 이것이다. 세상에는 완벽한 생활이 존재하지 않는다. 완벽함을 포기하는 순간 우리의 마음은 편안해지고 만족감이 늘어난다. 그럴 때 행복을 느끼게 된다.

사랑의 나르시시스트가
되지 말라

Nietzsche

남자이든 여자이든 늘 자신의 관점에서 문제를 생각하고 자신이 더 많은 사랑을 받아야 한다고 생각하기 때문에 자주 싸우게 된다. 자신이 더 훌륭하다고 생각하며 나르시시즘에 빠져 있다.

사랑에는 겸손한 마음이 필요하다. 사람들은, 자신은 더 많은 것을 가질 수 있고 지금의 연인은 부족한 점이 너무 많다고 생각하며 늘 군림하는 자세로 상대방에게 명령하고 요구한다. 이런 태도 때문에 연인 사이에 끊임없이 말다툼이 발생하고 결국 감정에 위기가 발생한다.

《인간적인 너무나 인간적인》에서 니체는 이렇게 말했다.

'남자들은 누구나 세상에서 가장 완벽한 여자를 찾아내 평생 함께 살고 싶어 한다. 그러나 완벽한 것은 남자들뿐이다.'

▼

이 말은 얼핏 듣기에는 남성우월주의 입장에서 여성에 대한 편견이 가득한 것처럼 보이지만 세상에는 완벽한 사람이 없다는 이치를 말해주기도 한다. 자신의 눈에 더없이 완벽해 보이는 연인도 발견하지 못했을뿐더러 본인이 사실은 많은 단점을 갖고 있을 가능성을 드러낸다. 이에 대해 우리는 가혹한 기준을 들이대거나 끝없이 욕심을 낼 것이 아니라 점차 적응하고 포용하는 태도를 가져야 한다. 지나친 자기애와 자기도취는 연인 사이의 감정에 빨간불이 켜지게 한다.

몇 년간 열심히 노력해 사업을 일구어 부와 명예를 가진 남자가 아내와의 결혼생활에 싫증을 느꼈다. 그는 아내의 친구에게 호감이 생겼다. 한참 고민 끝에 그는 아내의 친구에게 고백하기로 결심했는데 뜻밖에도 그녀가 그의 데이트 신청을 받아들였다.

집 문을 나설 때 남자는 아내에게 저녁에 사업상 접대가 있어서 저녁에 늦을 거라고 거짓말을 했다. 아내는 아무 말도 하지 않았다.

남자가 약속된 시간에 맞춰 레스토랑에 도착하자 아내의 친구가 이미 기다리고 있었다. 이들은 서로 이야기를 나누기 시작했고 자연스럽게 두 사람이 공동으로 알고 있는 사람, 즉 남자의 아내에 대한 이야기가 나왔다. 남자는 아내가 매일 시시콜콜한 가사 얘기만 하고 낭만이라고는 조금도 없어 싫증

▼

이 난다며 불평을 털어놓았다. 남자가 아내 친구의 손을 잡고 고백하려고 할 때 아내의 친구가 그에게 말했다.

"미안해요, 친구랑 약속한 시간이 다 되었네요."

남자는 놀라서 물었다.

"친구라니요?"

아내의 친구가 대답했다.

"당신의 아내 말입니다."

남자는 아연실색하며 부끄러운 기분이 들었다. 그토록 근면 성실하게 남편과 가정에 최선을 다하는 아내한테 자신이 무슨 짓을 한 것인가?

남자가 무거운 발걸음을 끌고 집 문을 열었을 때 아내는 그를 기다리고 있었다.

"당신을 원망하지 않아요. 내가 많이 부족해서 그런걸요."

남자는 부끄러워서 얼굴을 들 수가 없었고 아내에 대한 죄책감과 감동에 아무 말도 할 수 없었다. 두 사람은 말없이 서로를 꼭 껴안아주었다.

그 후 두 사람 사이의 믿음과 사랑은 더욱 깊어졌다.

많은 이가 남자의 행동을 경멸하겠지만 현실에는 이런 사람이 생각보다 많다. 그들은 자신이 더 완벽한 애인을 찾을 수 있고 지금의 애인이 수많은 단점을 갖고 있다고 생각한다. 그래서 늘 불만족스러워하다가 막상 상대방을 잃은 뒤에야 아쉬워하고 후회한다.

많은 사람이 결혼 후에야 그(그녀)가 얼마나 고집불통이고 막무가내인지 알았다고 불평한다. 사실 그것은 지극히 정상적인 현상이다. 연애를 할 때는 누구나 자신의 가장 좋은 모습을 상대방에게 보여주고 단점은 어떻게든 감추려고 하기 때문이다. 그러나 결혼 후에는 긴장의 끈을 놓으면서 좀 더 '솔직'한 모습으로 상대방을 대하게 되고 그러면서 각자의 단점을 노출하는 것이다.

사실, 사람 자체가 변한 것은 아니다. 다만 부부 사이는 그 어떤 신비감도 없는 데다가 포용심이 점점 둔감해지면서 서로에 대한 존중이 적어지고 기준이 더 까다로워지며 너그러운 마음이 약해지고 승부욕과 오기가 강해진다. 이때 '도리를 따지는' 전쟁이 잇달아 발생하게 되는 것이다.

부부는 언제나 자신이 더 많이 희생하고 더 적게 받는다고 생각하기 때문에 상대방에게 실망한다. 실망 뒤에는 불평과 불만이 따르고 점차 인내심을 잃어 낙담하게 된다. 아이와 가정, 그리고 자신의 평판을 위해 갈라서지는 못한 채 남은 인생을 대충 참고 살아간다.

부부 동반으로 배드민턴을 칠 때 이상하게도 부부가 한 팀이 되면 끝은 거의 싸움으로 마무리된다. 남자는 여자를 탓하고 여자는 남자를 탓하며 서로 원망하다가 결국 화가 나서 게임을 중단해버린다. 이때 서로 파트너를 교환하면 어떻게 될

까? 즉, 자신의 아내가 '적'과 한 팀이 되어 경기를 계속하는 것이다. 결과는 어땠을까? 보통 이렇게 파트너를 바꾸면 양쪽 모두 최고의 기량과 승부욕을 발휘하며 멋진 경기를 펼친다.

사람들은 대개 가까운 가족이나 친구에게 오히려 까다롭고, 관용과 예의는 오히려 남에게 적용한다. 결혼생활에서도 마찬가지다. 남편 또는 아내는 남한테는 예의바르고 남이 자신에게 실수를 하거나 피해를 입혀도 쉽게 용서하지만 배우자한테는 아주 사소한 잘못이라도 절대 용납하지 않는다.

사실, 상대방에게 너그러우면 자신에게 새로운 기회를 주는 것과 같은 것이다. 요즘처럼 치열한 경쟁사회에서 사람들은 현실과 생활의 과도한 스트레스에 노출되어 있다. 남에게만 친절할 것이 아니라 자신의 남편 혹은 아내에게 잘해주어야 할 것이다. 당신이 좌절하고 쓰러졌을 때 불만과 분노의 감정을 다 쏟아내고 다시 일어날 수 있도록 옆에서 위로해주고 참아주며, 늦은 밤까지 집에 들어오지 않을 때 안위를 걱정하고 챙겨주며, 아파서 몸져누웠을 때 곁에서 알뜰히 보살펴주는 사람은 남이 아니라 바로 당신의 남편 또는 아내다. 심한 말로 상처를 주어도 실망스러운 일로 가슴을 아프게 해도 그(그녀)는 변함없이 당신을 아끼고 사랑해준다. 그러니 곁에 있는 사람을 소중히 여기고 결혼생활에 최선을 다하며 너그러운 마음으로 포용하는 법을 배워야 한다.

'결혼은 물을 마시는 것과 같아 물이 찬지 뜨거운지는 물을 마시는 사람만이 안다'는 속담이 있다. 대부분의 사람은 결혼해서 다른 한 사람과 새로운 생활을 시작한다. 하지만 첸중수의 소설《위성(圍城)》에서 묘사한 것 같은 양상이 된다.

'성안에 있는 사람들은 밖으로 도망쳐 나오고 싶어 하고 성밖에 있는 사람들은 안으로 들어가고 싶어 한다.'

그렇다. 사랑하는 사이라도 함께 지내기란 쉽지 않다. 그러나 늘 겸손한 마음으로 자신을 낮추고 상대방의 장점을 보려 노력하며 지나친 자기애와 자기도취에 빠지지만 않는다면 행복한 결혼생활을 오래오래 유지할 수 있을 것이다.

결혼할지 말지 망설일 때의
판단적 문제

Nietzsche

결혼을 할지 말지 선택해야 할 때 망설인다면 자신에게 물어보라. 몇십 년 뒤 팔구십 세가 되어서도 이 사람과 즐겁게 대화를 나눌 수 있을지……

사람들은 사랑과 결혼이 오래오래 지속되기를 희망한다. 물론 이것은 현대인들이 곤혹스러워하고 우려하는 것이기도 하다. 니체는 결혼을 해야 할지 말아야 할지 고민하는 사람들에게 확실한 길을 가리켜주었다. 바로 공통의 관심사와 소통의 욕망이 결혼 여부를 결정하는 중요한 요소가 되어야 한다는 것이다.

동서고금을 돌아보면 행복에 대한 이해는 매우 다양하다. 구두쇠의 대명사 그랑데에게는 산더미처럼 쌓인 금화를 갖는 것이 가장 큰 행복일 것이다. 그러나 늙고 쇠약해져서 심지어는 숨이 곧 끊어지기 직전까지도 오매불망 돈만 생각한다면 그 행복은 얼마나 비참한가? 옛날 중국 왕조 시대의 선비들은 '꽃처럼 어여쁜 아내와 과거에 급제하는 것'을 인생 최대의 행복이라 믿으며 미친 듯이 그것만을 추구했다. 청나라 때 소설가 오경재는 작품 속 주인공 범진을 통해 이런 양상을 형상화했다. 과거에 급제한 후 너무나 기쁜 나머지 펑펑 울음을 터뜨리는 장면을 그린 것이다. 과연 행복은 고작 이런 것인가 하는 의문이 든다. 사실, 진정한 행복은 서로 사랑하고 서로 잘 맞는 사람끼리 평생을 함께 의지하며 사는 것이다. 사랑하는 사람에게 행복은 아주 간단하다. 사랑을 발견하고 소중히 여길 줄만 안다면 행복은 쉽게 얻을 수 있다.

그런데 가장 좋은 것을 소중히 여기는 것은 진짜 소중히 여기는 것이 아니다. 몽당비라도 소중히 여기는 것이야말로 진짜 소중히 여기는 것이다. 완벽하지 않기 때문에 더욱 소중히 여겨야 한다. 그래야만 평범한 일상과 평범한 사람, 평범한 감정도 세월이 지날수록 더욱 새롭고 귀하게 느껴진다.

대부분 사람은 이런 경험이 있을 것이다. 친구가 새로 산 옷을 입고 왔는데 아주 예뻐서 나도 하나 사려고 갔는데 입어보니 왠지 내 스타일도 아니고 분위기도 잘 안 맞는 것 같아서 포기한다. 실제 생활 속에서 흔히 있는 일이지민 이 일을 통해 나에게 맞는 것만이 가장 좋은 것이라는 점을 알 수 있다. 현대인들은 결혼 나이가 점점 늦어지면서 부모와 주변으로부터 결혼의 압박을 많이 받는다. 하지만 배우자를 선택하는 문제에서만큼은 절대로 남들이 다 결혼하니까, 또는 나이가 되었으니까 하고 대충 결정해버려서는 안 된다. 공통의 관심사가 있고 즐겁게 대화를 나눌 사람을 만나야만 함께 행복한 결혼생활과 인생을 가꿔나갈 수 있다.

니체가 평생 결혼을 안 한 것은 한 번의 안 좋은 맞선 경험 때문이라고 한다.

결혼 적령기가 된 니체는 우여곡절 끝에 한 여자와 맞선을 보게 되었다. 맞선 상대는 까무잡잡한 피부에 평범한 외모, 잘 꾸미지 않은 여자였다. 니체가 먼저 상대방에게 물었다.

"왜 저랑 결혼하려고 합니까?"

그녀의 대답은 아주 비상했다.

"당신이 나쁜 짓을 하지 못하게 감시하라고 신이 저를 보냈으니까요."

니체는 너무 놀란 나머지 결혼 생각이 싹 사라졌다.

그 맞선을 통해 니체는 결혼에 대해 더 많은 생각을 하게 되었다. 물론 오늘날의 기준으로 보면 그의 생각 중 어떤 것은 지나치게 비관적이고 어떤 것은 적극적인 의미를 갖고 있다. 프러포즈는 행복한 결혼생활의 시작으로, 기쁨과 안도의 미소를 지음과 동시에 배우자를 선택하는 경험도 배워둬야 할 것이다. 공통의 관심사를 가진 사람들끼리 만나야만 행복한 결혼생활을 꾸려나갈 수 있다는 것 말이다.

인간은 조직과 단체 속에 존재하고 모두 자신만의 생활환경이 있다. 그래서 종종 자신도 모르게 주변 사람들의 시선으로 자신의 생활을 판단한다. 남들이 다 결혼했으니까 나도 결혼해야 한다든지, 애인이 예뻐야 사람들 앞에 데리고 나갈 때 체면이 선다든지, 남편이 돈을 잘 벌면 나는 힘들게 일을 안 해도 될 것이다 등등……. 많은 사람이 진정한 행복이란 무엇인지를 망각한 채 남들의 눈에 내가 행복해 보이면 그게 진짜 행복이라고 생각한다. 하지만 사실상 행복은 자신의 것이고 다른 사람들은 옆에서 지켜만 볼 뿐 몸소 느끼지 못한다. 무턱대고 다른 사람의 생활을 모방한다면 행복은 점점 더 멀어질 것이다.

결혼 문제에서 자신의 관념을 상대방에게 강요해서는 안 된다. 물론 다른 사람의 사고방식도 쉽게 받아들이지 말아야 한다. 니체는 말했다.

"인간은 홀로 외롭게 생활하는 동물이 아니라 무리를 이루어 생활하는 동물이다. 까다로운 조건을 적용하여 배우자를 고르지 말라. 자신과 공통의 관심사가 있고 즐겁게 대화를 나눌 수 있는 사람이 곧 자신에게 가장 적합한 사람이다."

그의 말에서는 결혼을 못 한 것에 대한 아쉬움이 느껴진다. 여하튼 남의 시선으로 자신의 행복을 판단하지 말아야 한다. 행복은 자기 자신의 것이며 다른 사람들은 발언권은 있지만 결정권은 없다.

새로운 시대의 사람들은 자주적이고 독립적인 마음이 있어야 하며, 현명하게 자신의 배우자 내지는 인생을 선택해야 하고, 이성적으로 주변의 사람과 일을 대할 수 있어야 한다. 이를 통해 자신의 생활을 더욱 균형 있고 아름답게 가꾸어 나아가야 한다.

사랑받으려면
상대를 이해하는 법을 배워라

Nietzsche

사랑하는 것을 처음 접했을 때는 익숙하지 않았다. 오히려 그것을 알아가는 과정을 거친 후에야 서로 이해하게 되고 친근한 느낌이 생긴다. 그것은 일이나 공부나 친구나 애인이나 다 마찬가지다.

니체는 사랑받기 위한 핵심 요소를 이해라고 하였다. 이해해야 사랑이 생긴다는 것이다. 니체는 "오입질과 사랑을 가르는 경계선은 바로 낯섦이다"라고 말했다. 사람들은 누구나 평생 함께할 사랑하는 사람을 원하는데 거기에는 나름의 과정이 있다. 사람은 첫눈에 상대방을 완전히 파악할 수가 없으니 서로 알아가는 과정이 필요하다. 그렇기 때문에 상대방을 처음 만나서 호감이 생기더라도 서두르지 말고 상대방에게 충분한 시간과 기회를 주어야 한다. 니체는 이렇게 말했다.

▼

"사랑하는 사람 앞에서는 그 어떤 일을 행하거나 생각하기 전에 먼저 상대방의 생각을 이해하거나 입장을 고려해야 한다. 그래야만 진정한 사랑이다. 이해하지 못하면 고통이 따르고 이해가 없는 사랑은 결국 오래가지 못한다. 이해가 없는 사랑은 삶에 뼈아픈 교훈을 가져다준다."

누구나 자신의 사랑이나 결혼이 순조롭고 행복하기를 바라지만 늘 예상치 못한 변수에 부딪히는데 이때 필요한 것은 서로가 상대방을 이해하려는 태도이다.

어떤 젊은 부부가 있었다. 남편은 전쟁에 나가고 임신한 아내는 홀로 남아 집을 지켰다. 3년 뒤에 남편이 전역하여 돌아오게 되었고 아내는 어린 아들을 데리고 마을 입구까지 마중을 나갔다. 오랜만에 다시 만난 부부는 기쁨과 감격의 눈물을 흘렸다. 조상님이 살펴준 덕분에 건강히 다시 만나게 된 것에 감사했다. 남편은 아내에게 시장에 가 꽃과 과일 등 제사용품을 사 와서 조상에게 제사를 올리자고 말했다.

아내가 시장에 간 사이, 남편은 어린 아들한테 아빠라 불러보라고 했다. 그런데 아이가 우리 아빠가 아니라며 거절했다.

"우리 아빠는 매일 저녁에 집에 돌아와요. 엄마는 눈물을 흘리면서 아빠와 이야기를 나눠요. 엄마가 앉으면 아빠도 따라 앉고 엄마가 누우면 아빠도 따라 누워요."

어린 아들의 말을 들은 남편은 차갑게 얼어붙었다.

▼

얼마 후 아내가 집에 돌아왔고 남편은 아내에게 눈길 한 번 주지 않았다. 남편은 조상의 위패 앞에 꽃과 과일을 차려놓고 정성스레 제사를 올렸고 이어서 아내가 절을 올리려고 하자 방석을 거두고 절을 올리지 못하게 했다. 아내가 조상에게 절을 올릴 자격이 없다고 생각한 것이다. 그 후부터 아내를 대하는 남편의 태도는 더욱더 차가워졌고 매일같이 술에 취하거나 마을에서 할 일 없이 돌아다녔다. 아내는 남편이 왜 이렇게 변했는지 도저히 알 수가 없었다. 얼마 후 아내는 견디다 못해 강에 몸을 던지고 말았다.

아내의 장례를 치르고 나서 밤에 집으로 돌아온 남편은 등잔불을 켜고 아들을 곁으로 불렀다.

"우리 아빠예요!"

아들은 벽에 비친 아들의 그림자를 가리키며 말했다.

"우리 아빠는 매일 저녁에 이렇게 나타나요. 그리고 엄마는 아빠랑 말하며 계속 눈물을 흘려요. 엄마가 앉으면 아빠도 따라서 앉고 엄마가 누우면 아빠도 따라서 누워요."

알고 보니 몇 개월 전에 아들이 아빠에 대해 묻자 아내가 벽에 비친 자신의 그림자를 가리키며 아빠라고 가르쳐주었던 것이다. 남편이 사무치게 그리웠던 아내는 그림자에게 울면서 하소연했다.

"당신은 왜 아직도 안 돌아오는 거야? 나 혼자서 아이를 데리고 어떡하라고."

▼

남편은 그제야 깨달았지만 때는 이미 늦었다.

남편은 아내가 자신을 얼마나 깊이 사랑하는지 이해하지 못했기 때문에 사랑하는 사람이 자신의 곁을 영원히 떠나게 만들었다. 이 슬픈 비극은 서로에 대한 이해가 부족했기 때문에 발생한 것이다.

진정한 사랑은 집착하지 않고 차별하지 않으며 내려놓을 줄 아는 것이다. 집착과 차별, 편견 또는 지나친 의지는 진정한 사랑이 아니다. 진심으로 사랑하지 않으면 집착과 오해로 말미암아 편견이 생긴다.

진정한 사랑은 차별과 편견을 내려놓고 서로를 갈라놓은 경계선을 치워버리는 것이다. 자신은 사랑을 주는 사람이고 상대방은 사랑을 받는 사람이라고 생각한다면, 또 자신을 상대방보다 더 중요한 존재 혹은 상대방과 다른 존재로 생각한다면 그것은 진짜로 내려놓은 것이 아니다. 상대방을 진심으로 이해하고 사랑하고자 한다면 자신을 상대방의 입장에 놓고 상대와 하나가 되어야 한다. 그래야만 '나'와 '너'라는 구분이 없어진다.

사랑하는 사람을 이해하기 위해 노력하는 것은 진정한 사랑의 수행이다. 니체는《인간적인 너무나 인간적인》에서 이렇게 말했다.

'먼저 자신의 솔직한 본모습을 이해해야 한다. 여전히 자신을 거부하고 여전히 자신의 몸과 마음을 아프게 한다면 다른 사람을 사랑하고 받아들인다는 것이 아무런 의미가 없다. 정념(正念, sati)이 있으면 습관적인 사고방식과 생각의 내용을 인식할 수 있다. 때로 사고는 그 자리에서 맴돌며 사람으로 하여금 자신감을 잃고 비관하고 충돌하며 슬퍼하고 질투하게 만든다. 마음이 그렇게 되면 자신도 모르게 언행에 마음의 상태가 드러나고 나아가 자신과 타인에게 상처를 준다. 우리는 습관적인 사고방식에 정념의 밝은 빛을 비추어 진실을 볼 수 있게 해야 한다. 머릿속에 부정적인 생각이 떠오를 때 곧바로 알아채고 그것을 향해 미소 지어야 한다. 어쩌면 이렇게 하는 것만으로도 부정적인 생각을 멈출 수 있고, 적당한 유념은 행복과 평안, 명확한 사실 그리고 사랑을 가져다준다. 부적당한 유념은 사람의 마음속에 온통 슬픔과 분노, 차별이 가득 차게 한다. 정념은 사람이 적당한 유념을 수행하고 마음속에 평안과 행복, 해탈의 씨앗이 무럭무럭 자라게 한다.'

사랑하는 사람을 이해한다는 것은 상대방의 성격과 취미, 관심사 등을 포함한다. 그래야만 두 사람의 마음이 더 편안해지고 더 만족스러워진다. 다시 말해 더 행복해진다.

사실, 사랑이든 생활이든 모두 조심스럽게 가꿔나가야 하는 것이다. 사랑하는 사람이 생겼다면 분명 상대방의 어떤 부분을 매력적으로 느꼈거나 자신과 비슷한 점이 있어서다. 하지만 입술과 이도 부딪힐 때가 있듯이 사랑하는 남녀도 언제나 고도의 일치를 유지할 수는 없는 법이다. 이는 서로 적응해 가는 과정이므로 인내심을 발휘하여 잘 견뎌내면 크나큰 행복을 수확하게 될 것이다.

참된 사랑은
서로의 차이를 인정한다

Nietzsche

사랑은 자신과 완전히 똑같은 사람을 찾았을 때 생기는 것이 아니며 자신을 받아들이고 사랑하는 사람을 찾았을 때 생기는 것도 아니다. 사랑은 자신과 거의 비슷한 사람의 솔직한 상태에 대해 기뻐하는 마음이다. 그 사람이 자신과 반대의 감정을 갖고 있다고 해도 자신의 감정에 기뻐하는 것이 참된 사랑이다.

니체는 사랑의 참뜻을 느끼고 싶다면 상대방의 솔직한 모습을 사랑하고 서로의 차이를 받아들여야 한다고 믿었다. 그렇다. 우리는 늘 가면을 쓰고 사랑을 하고 자신의 가장 우월한 모습을 드러내며 평범한 모습은 일부러 감추려고 한다. 하지만 사랑한다면 그 사람의 우월한 모습뿐만 아니라 평범한 모습도 받아들이고 사랑해야 한다. 사람들은 흔히 상대방이 사랑하기 전과 달라졌다, 변했다고 하는데 사실은 상대방의 가장 솔직한 모습을 본 것이고 그 모습을 사랑하는 것에 자신을 잃은 것이다.

왜 결혼을 하지 않느냐는 질문에 니체는 이렇게 대답했다.

"사람들은 모두 달콤한 사랑과 행복한 결혼을 꿈꾸지만 사랑하는 두 사람은 보통 각기 다른 성격과 생활습관을 갖고 있게 마련이라 서로 잘 안 맞는 부분이 있다. 나는 이런 결말이 두렵다. 이것이 내가 결혼을 하지 않는 이유다."

니체의 고민은 후세 사람들에게 교훈이 되고 있다. 사실, 마음을 차분히 가라앉히고 상대방을 존중하고 이해하고 감싸 안으려고 노력한다면 서로의 다른 점을 인정하면서 평화롭게 지내는 방법을 찾을 수 있다.

아내 마리는 대부분의 여자처럼 쇼핑을 좋아하고 한번 쇼핑을 가면 하루 종일 돌아다닐 수 있다. 보통 아침 일찍 나가서 저녁 늦게야 집에 돌아온다. 남편 잭은 신문과 뉴스를 읽기 좋아한다. 신혼 때 잭은 아내가 빈번한 쇼핑 나들이 대신 자신처럼 집에서 신문도 읽고 지식도 습득하며 고상한 취미를 키우기를 바랐다. 입이 닳도록 설득한 끝에 마리는 마침내 노력해보겠다고 했다. 그러나 얼마 지나지 않아 외향적인 마리는 하루 종일 집에 들어앉아 신문을 읽고 책을 보는 생활을 참을 수가 없었다. 둘은 자주 싸우면서 고통스러운 신혼생활을 보냈다.

어느 날 마리가 잭에게 말했다.

"당신은 자꾸 나에게만 변하라고 요구하는데 당신도 좀 바꾸려고 노력해야 하는 거 아닌가? 오늘 하루 군말 없이 나랑 쇼핑을 해준다면 나도 당신을 위해 나 자신을 바꾸려고 노력할게."

잭은 어쩔 수 없이 마리를 따라 나섰다.

상점에 들어선 순간 마리는 눈이 반짝반짝 빛나면서 모든 물건에 다 관심을 보였다. 이것도 입어보고 저것도 뿌려보고, 사고 싶은 물건은 최소 세 군데 이상 돌아보며 품질, 디자인 등을 꼼꼼하게 따졌고 가격 흥정까지 했다. 쇼핑의 즐거움에 푹 빠진 마리에 비해 잭은 한 시간도 안 되어 짜증이 나버려 빨리 결제하고 나가자고 재촉했다. 집으로 돌아온 후 둘은 한바탕 크게 싸웠다. 마리는 남편에게 "당신이 나에게 요구한 것들은 내가 당신한테 같이 쇼핑을 하자는 것과 똑같이 나를 힘들게 한다"라고 말했다.

잭은 그제야 자신의 취미와 성격을 상대방에게 강요하는 것이 상대방에게 고통을 주는 것임을 깨달았다.

어떻게 해야 원만한 부부관계를 유지할 수 있을까? 서로의 차이점과 공통점을 살리는 데 답이 있다! 취미가 다르다면 그에 대해 서로 조율과 협의를 해야 한다. 외향적인 사람은 그

▼

에 적합한 활동을 하게 하고 정적인 것을 좋아하는 사람이라면 자신이 좋아하는 일을 하게 해야 한다. 적당한 원칙을 정해놓고 그 선을 넘지만 않으면 서로 간섭하지 말아야 한다. 또한 서로의 다른 점을 인정함과 동시에 공통점을 발굴해야 한다. 그렇지 않으면 두 사람의 대화는 점점 더 줄어들 것이다.

사실, 대부분 자신에게는 없는 상대방의 어떤 특징에 이끌려 서로 사랑에 빠지는 경우가 많다. 다만 서로 익숙해지고 함께 지내는 시간이 길어질수록 점차 그 점을 잊게 되는 것이다. 사람들은 다 성격이 다르기 때문에 자신의 취미와 습관을 상대방에게 강요한다면 반드시 많은 갈등이 유발된다.

연인 사이에 상대방을 있는 그대로 받아들이고자 한다면, 상대방의 자신과 다른 점을 존중하고 그 개성을 존중해야 한다. 이는 한 사람이 독립적인 인격을 유지하기 위한 기본적인 요구이기도 하다. 사람들은 비록 같은 지붕 아래에 살고 있더라도 각기 다른 사상을 가진 개체이고 각자 자신만의 취미와 가치관을 갖고 있다.

물론 다른 점을 인정한다고 해서 방임하자는 것은 아니다. 상대방의 행위가 가정의 안정을 위협하지 않고 심신의 건강에 좋다면 마땅히 지지해야 할 것이다. 다른 점을 인정하는 목적은 공통점을 추구하는 데 있으며 당연히 가정의 평안과 행복을 위함이다.

사랑이 없으면
생명도 없다

Nietzsche

마음속에 사랑이 있을 때 우리 주변의 햇빛도 함께 즐겁게 춤춘다.

니체는 말했다.

"생명에 사랑이 없어서는 안 된다. 사랑이 없는 생명은 세상에서 단 하루도 존재할 수 없다!"

그렇다. 사랑이 없는 생명은 무엇을 의미할까? 고독? 외로움? 아니면 초조함? 그것은 인생의 모든 고통을 의미한다. 사랑이 있어야 즐거움이 있다. 마음속에 사랑이 있을 때 모든 말은 즐거운 음표가 되고 모든 동작은 즐거움의 씨앗을 뿌린다.

즐거움은 무엇일까? 사랑, 진정한 사랑이다.

니체는 말했다.

"사람들의 마음속에는 하나의 신념이 있다. 그것은 우리가 가장 소중히 여기고 가장 갈망하는 것이 바로 사랑이라는 점을 우리에게 일깨워준다."

《잠자는 숲속의 미녀》에서 여주인공은 잘생긴 왕자의 깊은 사랑이 담긴 키스로 긴긴 잠에서 깨어난 후 왕자를 따라 왕궁으로 돌아가 행복하게 살았다. 이것이 바로 진정한 사랑의 힘이다.

사랑이 있어야 즐거움이 있다. 즐거움은 사랑의 가장 중요한 원소이자 색깔이며 사랑에 기대어 존재한다. 인생에 사랑이 없으면 모든 것이 사라진다. 눈부신 햇빛과 아름다운 풍경, 낭만적인 분위기 등 이 모든 것이 다 사라져버린다! 사랑이 이 세상을 지탱하고 있고 사랑이 있기에 이 세상이 아름답다.

어느 날, 남루한 행색의 두 아이가 동냥하러 도시에 왔다. 형은 열 살이고 동생은 다섯 살이었다. 첫 번째 집의 문을 두드리자 주인이 문도 열지 않은 채 안에서 말했다.

"배고프면 가서 일을 해서 돈을 벌어라. 돈이 생기면 밥을 먹을 수 있다. 귀찮게 하지 말고 썩 가거라."

형제는 두 번째 집의 문을 두드렸다. 이번에도 집주인은 나와 보지도 않고 집 안에서 "거지에게 줄 밥은 없다!"라고 소리쳤다.

형제는 계속 다른 집의 문을 두드렸지만 아무도 그들에게 밥을 내어주지 않았다. 여러 번의 거절과 질책에 속상해서 고개를 푹 떨군 형제 앞에 한 부인이 나타났다.

"배가 많이 고프겠구나, 잠깐만 기다려봐, 먹을 것이 있는지 찾아볼 테니."

잠시 후 다시 나타난 부인은 우유 한 병을 형제에게 건네주었다.

형제는 공원의 잔디밭에 앉아 마치 설을 쇠는 것처럼 기쁨에 들떴다. 동생은 우유를 뚫어지게 내려다보며 형에게 말했다.

"형, 형이 먼저 마셔!"

형이 동생을 한 번 바라보더니 우유병을 들고 한입 마시는 척하고는 동생에게 건네주었다.

"자, 이제 네 차례야. 조금씩 마셔야 해."

사실, 형은 우유병을 입에 갖다 대기만 했을 뿐 입을 꾹 다물고 우유를 한 방울도 마시지 않았다.

동생은 급히 우유병을 받아 들고 크게 한입 마신 다음 다시 형에게 건네주었고 형은 또 한입 마시는 척했다. 이렇게 형제는 서로 번갈아가면서 우유 한 병을 다 마셨다. 하지만 사실 형은 우유를 한 방울도 마시지 못했다.

형은 동생을 사랑하는 마음에 우유를 양보했고 그것으로 동생은 만족과 즐거움을 얻었다. 또한 형은 자신의 희생을 통해 동생의 만족과 즐거움이라는 보답을 받아 행복했다. 이 사랑의 보답은 끝이 없는 것이어서 형은 배는 고팠지만 마음은

▼

더없이 행복했다.

사랑만 있으면 세상을 바꿀 힘과 믿음이 생긴다. 마음속에 사랑이 있는 사람은 설령 혼자 오갈 데 없이 외롭고 쓸쓸해도 삶의 희망이 있고 꿈을 현실로 바꿀 용기를 갖게 된다. 그러나 마음속에 사랑이 없는 사람은 비싼 옷에 맛있는 음식을 먹고 자손이 번성해도 마음은 이미 무덤 속에 들어가 있기 때문에 산송장이나 다름없다. 사랑이 있기에 생명이 눈부시고 다채로운 것이다.

사랑은 다른 사람을 받아들이고 격려하는 것이며 사람과 사람 사이에 서로 베푸는 것이다. 많은 사람이 평생 상대방이 원하는 것이 무엇인지를 무시한 채 자신의 방식으로만 사랑한다. 예를 들면 집에서 만찬을 준비할 때 가족들보다는 집이 밝고 쾌적한지, 음식이 정갈하고 맛있는지에만 신경 쓰고 바쁘다는 핑계로 아이들과 피크닉을 가기로 한 약속을 잊어버린다. 크리스마스에 어떤 선물을 보내면 좋을지 몰라서 가장 친한 친구에게 선물을 보내지 않는다. 자신의 체면에만 너무 열중한 나머지 자기중심적인 사고에 깊이 빠지면 다른 사람에게 진정한 사랑을 표현할 줄 모르게 된다는 것을 전혀 인식하지 못한다!

"만약에 그렇다면 가족과 친구에게 사랑을 표현하려고 노력해보라. 사랑을 표현하거나 사랑을 주는 것이 우리를 즐겁게 하고 큰 만족을 가져다주며 이것이 바로 즐거움의 원천이라는 사실을 발견하게 될 것이다."

니체는 이렇게 말했다. 현대사회에서 바쁜 일상 때문에 우리의 마음은 깊이 잠든 상태에 처해 무엇이 가장 중요한지, 사랑이 대체 무엇인지를 잊고 있다.

하나님을 만나고 싶어 하는 한 남자아이가 있었다. 아이는 하나님을 만나려면 아주 먼 길을 가야 한다는 것을 알고 있었다. 어느 날 아이는 짐을 꾸리고 빵 몇 개와 요구르트 몇 병을 챙겨 길을 떠났다.

몇 블록을 걸어간 아이는 힘이 들어서 잠시 걸음을 멈추었다. 이때 공원 벤치에 앉아 잔디 위에서 모이를 먹는 비둘기를 골똘히 바라보고 있는 할머니의 모습이 눈에 들어왔다.

아이는 잠깐 쉴 겸 할머니 옆에 앉았다. 가방에서 빵을 꺼내 한입 베어 물려고 하는데 할머니도 배가 고프셨는지 자신을 바라보았다. 아이가 빵을 건네자 할머니는 미소를 지으면서 빵을 받았다. 할머니의 미소는 정말 보기 좋았다. 아이는 할머니가 이런 미소를 더 많이 지었으면 좋겠다는 생각에 가방에서 요구르트를 꺼내 할머니에게 드렸다. 할머니는 또 아이에게 감격의 미소를 보냈고 아이는 기뻐서 어쩔 줄을 몰라 했다.

두 사람은 이렇게 벤치에 앉아 빵과 요구르트를 나눠 먹었다. 말 한마디도 없이 서로를 바라보며 웃음을 지었고 시간이 가는 줄을 몰랐다. 날이 곧 어두워졌고 아이는 집으로 돌아가

▼

려고 벤치에서 일어났다. 앞으로 몇 발짝 걸어가던 아이는 되돌아와 두 팔을 벌려 할머니를 꼭 안아주었고 할머니는 아이에게 가장 아름답고 감동적인 미소를 보내주었다.

집으로 돌아온 아이의 얼굴에는 즐거움이 가득했다. 엄마가 물었다.

"오늘은 기분이 아주 좋아 보이는구나?"

"오늘 하나님과 함께 점심을 먹었어요."

아이는 엄마의 놀라는 표정을 보며 환희에 찬 목소리로 말했다.

"그렇게 아름다운 웃는 얼굴은 처음 봐요."

같은 시각 할머니도 집으로 돌아갔고 역시 즐거움이 가득한 얼굴이었다. 아들이 매우 의아해하며 물었다.

"어머니, 오늘 무슨 좋은 일이라도 있으셨나요?"

"나는 오늘 하나님과 함께 빵을 먹었단다."

무슨 말인지 어리둥절해하는 아들에게 할머니는 한마디 덧붙였다.

"하나님은 참 젊더구나!"

사랑은 일과 가정과 대인관계 등 모든 일의 성공을 결정짓는 핵심 요소다. 즐거움의 비결은 바로 사랑이다. 자신을 충분히 사랑해야만 자신이 즐거움을 얻을 능력이 있다는 걸 알게 된다. 자신이 주변 사람들에게 필요한 존재라는 것을 믿어야만 즐거운 삶을 얻을 수 있다.

사랑할 줄 아는 사람이 되어야만 진정한 행복을 얻을 수 있다. 사랑의 빛을 받으며 사노라면 스스로도 어둠을 밝혀주는 등대가 된다. 사랑을 받기보다는 사랑을 주는 사람이 되라. 자신을 잊어야만 진정한 자아를 발견할 수 있고, 다른 사람을 너그럽게 용서해야만 자신도 다른 사람의 용서를 받을 수 있다. 즐거움은 사랑을 주는 것과 받는 것 사이에서 분출된다.

마음속에 사랑이 있으면
삶은 기쁨으로 가득하다

Nietzsche

모든 사람이 다 남을 사랑할 줄 안다면 설령 곤경에 처할지라도 유쾌한 기분을 유지할 수 있고 삶에 따뜻한 햇살이 가득할 것이다.

니체는 말했다.

"자비심은 친절하고 선량한 마음이다. 다른 사람이 행복하기를 바라는 마음이고 군자의 마음이다. 그 어떤 일을 하거나 그 어떤 말을 할 때, 그 어떤 생각을 할 때도 늘 사랑이 있어야 한다. 사랑은 이 세상을 지탱하고 세상에 행복과 즐거움이 있게 하며 서로 존중하고 화목하며 의심하지 않고 미워하지 않게 된다. 그렇게 되면 온 세상이 아름다워지고 세상 모든 사람이 다 안락하게 된다."

니체는 사랑만이 이 세상을 변화시키는 유일한 힘과 신념이라고 믿었다.

어떤 마음씨 착한 부인이 병에 걸렸다. 소식을 들은 니체는 곧바로 병문안을 갔다.

부인은 상상할 수 없을 정도로 누추한 집에 살고 있었다. 방에는 낡고 더러운 이불 한 채와 때가 시커멓게 낀 찻주전자 하나밖에 없었으며 쓸 만한 가재도구가 거의 없었다.

부인의 집안은 과거에 꽤 부유했고 초등학교 근처의 큰 집에서 살았다. 매일 수업 중간 휴식 시간에 근처의 학생들이 부인의 집으로 몰래 달려갔다. 그곳에서는 빵과 같은 음식을 얻어먹을 수 있었고 부인은 늘 친절하게 맛있는 음식을 아이들에게 꺼내주었다.

이제 연로하고 쇠약해진 부인은 비록 누추한 집에서 쉰 살이 넘은 아들의 보살핌을 받으며 살고 있었지만 표정은 여전히 밝았다. 병문안 온 사람들에게 여기저기서 들은 재미있는 이야기를 들려주며 사람들을 즐겁게 해주었다.

부인의 은혜를 받은 사람들은 부인이 그렇게 명랑한 이유가 바로 마음속에 사랑이 있기 때문임을 알고 있었다. 그렇기 때문에 삶에 변고가 생겼을 때도, 지금 중병에 시달리며 생활고를 겪고 있어도 자신의 고난을 남 탓으로 돌리거나 세상을 원망하지 않았다.

만약 모든 사람이 다 남을 사랑할 줄 안다면 설령 곤경에 처할지라도 유쾌한 기분을 유지할 수 있고 삶에 따뜻한 햇살이 가득할 것이다. 마음속에 사랑이 있는 사람은 하늘을 지붕 삼는 유랑자가 되어도 삶의 희망을 잃지 않고 꿈을 현실로 바꾸기 위해 노력한다. 반대로 정이 없고 사랑을 잊어버린 사람은 마음이 이미 무덤 속에 있기 때문에 살아도 산송장이나 마찬가지다. 사랑이 있어서 생명이 질적으로 다르게 되는 것이다.

어떤 병원에 같은 날 두 명의 환자가 들어왔다. 진단 결과가 나온 후 갑은 즉시 인생과 고별하는 계획서를 세우고 병원을 떠났고 을은 병원에 입원했다.

병원에 입원한 을은 매일 기운이 없는 채로 의욕을 상실한 모습이었으며 의사가 매번 "드시고 싶은 거 있습니까?" 하고 물을 때마다 말없이 고개만 저었다.

"혹시 좋아하는 취미생활 있습니까?"

의사가 심리요법을 사용해볼까 하여 물었지만 을은 역시 고개만 저었다.

"가족이 없습니까?"

의사는 포기하지 않고 또 물었다.

"없어요. 있어봤자 부담이 될 게 뻔한데 차라리 없는 게 낫습니다."

젊은 을이 대답했다.

"애인은 있습니까?"

"없어요. 나중에 헤어져서 서로 원망할 바에는 차라리 사랑을 안 하는 게 낫습니다."

"친구는요?"

을은 한숨을 내쉬며 대답했다.

"없어요. 저는 이 세상에서 이 몸뚱이 하나 외에 아무것도 없습니다. 친구를 나중에 잃을 바에는 애초에 없는 것이 낫습니다. 아무도 저를 사랑하지 않는데 애써 남을 사랑할 필요가 뭐 있겠습니까?"

그의 대답을 들은 의사는 한숨을 지으며 뒤돌아서 나가버렸다.

"그동안 수많은 환자를 치료해왔고 매번 최선을 다했지만 이 환자는 도저히 희망이 없겠네."

한편, 진단 결과를 받은 후 곧바로 병원을 나간 갑은 여행을 떠났다. 그는 먼저 어릴 때 살던 곳으로 가서 자신을 키워준 가족과 친지들을 만났다. 둘째 달에는 놀라운 의지와 근성으로 유럽을 여행하며 에펠탑에 올라 꿈에 그리던 멋진 풍경을 맘껏 감상했고, 대학교를 방문하여 자신이 가장 동경하는 교수님을 찾아뵈었다. 셋째 달에는 옛날 친구들을 찾아가 모임을 가졌다. 반년 뒤에 그는 자신의 오랜 숙원이었던 자서전을 출판하여 자신이 살아온 인생의 역정과 세상을 살아가는 지혜와 이치를 적은 책을 딸에게 선물했다. 그는 말했다.

"나를 사랑하는 사람들과 내가 사랑하는 사람들을 위해 하

▼

루하루를 의미 있게 잘 살고 아무런 아쉬움도 남기지 않고 이 세상을 떠날 것이다. 나는 이제야, 마음속에 사랑이 있으면 삶은 희망으로 가득 차고 사랑이 있어야 진정한 생명과 삶이 있다는 것을 깨달았다."

사실, 그때 진단 결과 갑은 불치병에 걸렸고 을의 병은 단기간 치료만 하면 완쾌할 수 있는 것이었다. 그러나 삶에 아무런 미련과 의욕이 없는 사람에게 희망이 있을까? 사랑이 없는 사람은 의사의 의학적 치료만으로는 절대 나을 수 없다! 사람들이 벼랑 끝에 몰려도 삶의 희망을 놓지 않는 이유는 사랑할 만한 가치가 있는 사람과 일이 있기 때문이다. 절대 마음의 힘을 얕보지 말라. 그것은 마음속에서부터 바깥까지 사람의 모든 것을 바꿔놓을 수 있다.

때로는 자신이 중요하게 생각하는 사람의 무관심 때문에 마음이 무거울 수 있다. 그러나 그것이 낙담하고 포기하는 핑계가 될 수는 없다. 자신이 사람에 대한 자비심을 갖고 있다 확신한다면 상대방이 자신의 은혜를 잊거나 마음에 두지 않는다고 해도 중요하지 않다. 마음속에 사랑이 있으면 밝은 빛이 주변을 둘러쌀 것이고, 입에서 내뱉는 모든 말에 환희가 담길 것이며, 세월도 사뿐사뿐 천천히 그리고 달콤하게 흘러갈 것이다.

상대방을 사랑한다면
나누는 법을 배워라

Nietzsche

무거운 짐을 함께 나눠 짊어지고 슬픔과 고통을 함께 나누는 것이 진정한 사
랑이다.

어떻게 하면 다른 사람의 고통을 멈추거나 전환시켜 슬픔
을 줄여줄 수 있을까? 가장 직접적이고 효과적인 방법은 바로
나누는 것이다. 이치는 매우 간단하다. 한 사람이 100킬로그
램의 짐을 지고 있는데, 이때 다른 사람이 절반을 나눠 짊어지
면 그 사람의 어깨는 그만큼 가벼워지고 고통도 줄어든다.

오레오는 아주 가난한 집안에서 태어났다. 아버지는 혼자
서 가족의 생계를 책임지느라 낮에는 공장에서 일하고 저녁
에는 봉인용지를 베껴 쓰는 부업을 해서 돈을 벌었다. 열두 살

의 오레오는 아버지의 부담을 덜어주기 위해 봉인용지를 베껴 쓰는 일을 도와드리려고 했지만 아버지는 허락하지 않았다. 그래서 오레오는 매일 밤 아버지가 잠든 후에 몰래 일어나 봉인용지를 베껴 썼다. 아버지는 매일 밤늦게까지 일을 하느라 지쳐서 글씨체가 달라진 것을 발견하지 못했다. 월급날이 되어 평소보다 더 많은 돈을 받은 아버지는 매우 기뻐하며 치킨을 사 와 가족들과 축하 파티를 했다. 오랜만에 웃음꽃이 활짝 핀 아버지를 보면서 오레오도 기쁘고 뿌듯했다. 그런데 이런 생활이 오래 지속되면서 오레오는 심각한 수면 부족에 시달렸고 학교 성적도 많이 떨어졌다. 사정을 모르는 아버지는 오레오를 혼냈지만 오레오는 아무런 내색도 하지 않고 묵묵히 참아냈다. 그러던 어느 날 밤중에 깨어난 아버지는 오레오가 일하는 모습을 보았고 그제야 모든 것을 알게 되었다.

아버지의 부담을 덜어주기 위한 오레오의 노력은 진정한 사랑이었다. 니체는 말했다.

"사람들은 누구나 사람과 사회를 떠나서 홀로 존재할 수 없다. 이 세상의 모든 사람은 제아무리 돈이 많고 능력이 뛰어나도 다른 사람의 도움이 필요할 때가 있다."

사람과 사람은 함께 좋은 것을 누리는 것 말고도 어려움을 함께 분담하는 것이 필요할 때가 있다. 그것이 사람과 사람이 함께하는 가장 큰 의미이기도 하다. 혈육 간의 정도 마찬가지다. 서로 분담할 수 있을 때 진정한 사랑이 피어오른다.

옛날에 어떤 상인이 말 한 필과 나귀 한 마리를 데리고 먼 길을 떠났다. 나귀에게 모든 짐을 지게 했더니 나귀가 너무 힘들어서 말에게 말했다.

"날 좀 도와줘. 이 무거운 짐들을 같이 나눠 지지 않으면 난 힘들어 죽고 말 거야."

하지만 말은 못들은 척했다. 얼마 지나지 않아 나귀는 지친 나머지 죽고 말았다. 상인은 어쩔 수 없이 죽은 나귀의 고기를 팔고 껍질을 벗긴 후 모든 짐과 껍질을 말의 등에 지웠다. 말은 그제야 후회의 눈물을 흘렸다.

"그때 내가 친구의 짐을 나눠 지었다면 지금 이렇게 힘든 일은 없었을 텐데……."

니체는 《인간적인 너무나 인간적인》에서 말했다.

'나눔이 없는 세상은 괴로운 세상이고 추운 세상이며 비참한 세상이다. 이것이 어찌 참된 사랑의 세상이란 말인가? 사랑하는 사람이 무거운 짐에 짓눌려 고통스러워하고 있는데 자신은 옆에서 보고만 있다면 그것이 어찌 사랑이라고 할 수 있는가? 무거운 짐을 함께 나눠 지고 슬픔과 고통을 함께 나누는 것이 진정한 사랑이다.'

한 사람을 사랑한다면 어떤 마음과 행동으로 사랑해야 하는지 알아야 한다. 상대방이 원하는 대로 해주는 것이 진정한 사랑이라면 자비심은 바로 진정한 사람의 마음이다.

가을 하늘의 기러기 떼를 보라. 나란히 줄지어 머나먼 남쪽 나라로 날아가는 기러기 떼는 어떻게 그 먼 거리를 날 수 있을까? 바로 V 자 대형의 비행 덕분이다. 기러기 떼는 먼 길을 가는 동안 끊임없이 울음소리를 내며 리더를 응원한다. 앞의 기러기가 지치면 뒤로 붙고 바로 뒤에 있던 기러기가 앞으로 나오면서 모든 기러기가 자발적으로 책임을 분담한다. 부상을 입는 기러기가 생기면 다른 기러기 두 마리가 옆에 붙어서 지켜주며 함께 간다. 이처럼 함께 힘을 나누고 책임을 분담하는 정신이 먼 길을 날아 마침내 목적지인 따뜻한 남쪽 나라로 갈 수 있는 비결이다.

마찬가지다. 사람들도 생활 속에서 기러기 떼처럼 서로의 힘을 공유하고 부담을 나누어 짊어지면서 험난한 여정을 함께 극복한다면 반드시 더욱 위대한 목표를 달성할 수 있을 것이다.

두 이웃이 있었다. 한 집은 부부가 모두 매우 건강하고 다른 한 집은 남편이 시각장애인에 아내는 하반신 마비의 장애인이었다. 많은 사람이 건강한 부부가 더 행복하고 장애인 부부는 분명 매우 가난하고 힘들게 살 것이라고 생각하겠지만 사실은 정반대였다. 건강한 부부는 부부싸움을 밥 먹듯이 했고 집안 분위기가 늘 살얼음판 같았다. 반대로 장애인 부부는 언제나 얼굴에 웃음이 떠나지 않았고 그렇게 즐거운 분위기를 이어갔다. 건강한 부부는 궁금한 나머지 장애인 부부를 찾아갔다.

"우리 부부는 모든 것을 가졌는데도 즐겁지 않아요. 그런데 당신네 부부는 이렇게 힘든 형편인데도 즐겁게 살 수 있는지, 그 비결이 무엇이죠?"

하반신 마비의 아내가 말했다.

"나는 비록 걷지 못하지만 남편이 나의 다리가 되어주어 남들과 똑같이 이 아름다운 세상을 볼 수 있으니 즐겁지 않을 이유가 뭐 있겠어요?"

이어서 그 남편은 "나는 비록 앞을 보지 못하지만 아내가 나의 두 눈이 되어 이 세상이 얼마나 다채롭고 아름다운지를 알게 해줘요"라고 말했다.

건강한 부부는 그제야 깨달았다. 그동안 자신들은 상대방의 입장과 느낌은 전혀 고려하지 않은 채 오직 자신의 생각대로만 생활해왔기에 늘 서로 원망하고 끊임없이 다투었던 것이다. 사실 그들은 겉모습만 건강했지, 보이지 않는 곳에 장애를 앓고 있었다.

니체는 말했다.

"인생이라는 매우 긴 길은 서로 분담하는 법을 배워야만 더 멀리 갈 수 있다."

사랑하는 사람이 힘들어할 때 즉시 그의 곁으로 다가가 그를 바라보고, 그의 하소연을 들어주고, 그의 아픔을 함께 느껴라. 그와 마음을 나누고 교류한다면 약간의 위로가 될 것이다.

　사랑하는 사람의 힘든 일을 분담하는 방법은 여러 가지가 있다. 친절한 말 한마디, 자비로운 행동 또는 생각 하나가 상대방의 고통을 덜어주고 기쁨을 줄 수 있다. 말은 상대방에게 위로와 자신감을 가져다주고 근심과 걱정을 쫓아버릴 수 있으며 잘못을 범하지 않도록 하여 고통에서 벗어나게 해준다.

사랑은 사랑하는 사람에게
즐거움을 주는 것이다

Nietzsche

진정한 사랑은 언제나 자신과 자신이 사랑하는 사람에게 기쁨을 가져다준다.

두 사람 모두에게 기쁨을 가져다주지 못하는 사랑은 진정한 사랑이 아니다.

사랑을 위해 기쁨의 씨앗을 뿌리는 법을 배워서 진정한 사랑이 싹트고 무럭무

럭 자라게 해야 한다.

어느 날 갑자기 건강한 눈을 가졌다는 사실을 깨달을 때처럼 아주 사소한 일이 더없이 큰 기쁨을 가져다줄 때가 있다. 눈을 뜨면 파란 하늘을 볼 수 있고 자주색 꽃과 사랑스러운 아이들, 푸른 나무와 다채로운 사물들을 볼 수 있다는 사실이 더할 바 없이 행복하게 느껴진다. 이런 아름답고 참신한 것을 볼 때 기쁨이 절로 생겨난다. 니체는 말했다.

"기쁨 속에 행복이 있고, 행복 속에 기쁨이 있다."

▼

삶에는 기쁨이 필요하고 사랑에도 기쁨이 필요하다. 진정한 사랑은 언제나 자신과 자신이 사랑하는 사람에게 기쁨을 가져다준다. 두 사람 모두에게 기쁨을 가져다주지 못하는 사랑은 진정한 사랑이 아니다.

금실이 아주 좋은 부부가 있었다. 물질적으로는 풍요롭지 않지만 그들의 결혼생활에는 낭만이 가득했다. 남편은 농사일을 마치고 집으로 돌아올 때 늘 들꽃을 꺾어다 아내에게 준다. 아내는 꽃을 받아들고 더없이 행복해하며 유리병에 꽂는다. 남편은 가끔 아내에게 야생 과실을 따 입에 넣어주기도 하는데 시큼한 맛에 아내의 얼굴이 일그러진다. 소박한 들꽃에 시큼한 과실이지만 아내의 마음은 꿀을 마신 듯 달콤하다. 남편은 꽃송이에 얼굴을 파묻고 시큼한 맛에 얼굴을 잔뜩 찌푸리면서도 아이처럼 즐거워하는 아내를 보면서 자신의 아내가 세상에서 가장 아름다운 여자라는 생각이 들면서 얼굴에 행복한 미소가 피어난다.

물질적인 풍요나 경제적인 여유가 없고 빨간 장미와 화려한 코스 요리도 없지만 이들 부부는 매우 행복해 보였다. 이유는 무엇일까? 답은 간단하다. 이들은 서로에게 기쁨을 가져다주었기 때문이다. 두 사람 모두 기쁨을 느꼈기 때문에 행복한 것이다. 진정한 사랑은 기쁨을 동반하고, 진정한 사랑은 바로 사랑하는 사람에게 그 기쁨을 주는 것이다. 기쁨은 사랑을 유지하는 비결이다.

연애를 할 때는 이런 독특한 감정을 실생활과 분리해서 생각한다. 아무리 가진 것이 없어도 연애를 위한 사치를 마다하지 않고 이런저런 핑계를 찾아 분위기 좋은 곳에 가서 비싼 커피를 마시거나 이태리 레스토랑에 가서 셰프가 직접 해준 요리를 맛본다. 여자 친구에게 커다란 장미꽃 한 다발을 선물하는 것은 기본! 한 달 월급을 다 써버려도 아깝지 않다. 그런 낭만적인 느낌이 너무나 좋기 때문이다.

그런데 결혼하고 나면 달라진다. 결혼하는 순간 연애의 낭만적인 분위기에서 깨어나 현실생활 속으로 발을 들인 것이다. 연애 때 한 번 여행을 다녀올 돈이면 두 사람의 1년 식비가 될 수도 있다. 더 이상 비싼 커피와 코스 요리도 없고 은은한 달빛 아래서 사랑을 속삭이는 무드도 없다. 이제 두 사람 사이에는 빨래, 밥, 청소 등의 집안일과 사소하고 지루한 일상생활밖에 없는 것 같다. 시간이 흐를수록 연애 때의 설레는 느낌과 눈빛만 마주쳐도 콩닥거리는 가슴은 실생활 속에서 점차 빛바랜 기억이 되어버린다. 이제 남은 선택은 침울한 기분 그대로 둘이 대충 맞춰 살아가든지 아니면 빨리 '해산'하여 번거롭고도 무료한 결혼생활을 끝내든지 둘 중 하나다.

많은 이가 결혼 전과 결혼 후가 왜 이렇게 달라지는지 모르겠다고 하는데 그것은 바로 기쁨이 부족해서다. 결혼 전에는 기쁨이 가득하기 때문에 사랑이 더욱 깊어지고, 결혼 후에는 기쁨이 없기 때문에 사랑이 점점 식어간다. 선조들은 고통의 씨앗을 우리에게 남겨주었지만 그와 동시에 평온함과 자유, 기쁨 그리고 행복의 씨앗도 남겨주었다. 이런 씨앗들은 의식의 깊은 곳에 숨겨져 있지만 부지런히 물을 주면 무럭무럭 자란다. 마음속 기쁨과 평온함, 자유로움, 편안함 그리고 사랑의 씨앗을 찾아내는 것은 매우 중요한 수행이다. 또한 자신뿐만 아니라 친구에게도 함께 이런 씨앗을 찾아내게 해야 한다. 누군가를 사랑한다면 그 사람의 마음속에 숨어 있는 긍정적인 감정의 씨앗을 관찰하고 터치해야 하며 분노, 좌절, 실망의 씨앗을 키우지 못하게 해야 한다. 그래야 상대방을 건강하고 행복한 방향으로 이끌 수 있다.

1889년에 튀링겐주에 재앙이 닥쳤다. 오랜 세월 사람들에게 외면받았던 니체는 마침내 오랜 고독을 견디지 못하고 토리노 거리에서 마부에게 학대당하는 말을 보고는 느닷없이 비명을 지르며 달려갔다. 그는 말의 목을 부둥켜안은 채 울부짖다가 정신을 잃고 바닥에 쓰러졌다. 며칠 후 친구인 오버벡이 와서 그를 베를린으로 데려갔다. 그때부터 니체의 마지막 10년이 시작됐다. 예나대학교 정신병원에 입원한 그를 1890년 5월에 그의 어머니가 집으로 데려와 직접 돌보았다.

1897년 4월에 어머니가 세상을 떠나자 니체는 바이마르에 사는 여동생 엘리자베트의 집으로 거처를 옮겼다. 니체의 일생에서 가족은 늘 그에게 따뜻한 피난처가 되어주었다. 집안의 여성 다섯 명은 언제나 가족의 유일한 남성인 니체를 최우선으로 생각하며 그를 세심하게 보살폈고 그가 원하는 모든 소원을 다 들어주었다.

가족의 지극한 사랑은 니체의 마지막 인생에 기쁨을 가져다주었다. 상대방을 사랑하면 그를 기쁘게 해주고 그 기쁨으로 자신의 사랑을 유지해 나아가야 한다. 사람의 마음은 넓은 들판과도 같으며 들판의 땅속에는 긍정적인 씨앗과 부정적인 씨앗이 묻혀 있다. 우리는 반드시 다양한 씨앗의 모습을 감지하고 발견해야 한다. 그리고 마음속의 고통을 느꼈을 때 다른 씨앗들도 존재한다는 사실을 잊지 말아야 한다.

Schopenhauer
Arthur

**Nietzsche,
Friedrich Wilhelm**

Chapter 5

니체가 말하는 사회생활이란;
교제의 룰을 지켜라

니체가 바젤대학의 교수가 된 것은 그의 스승 리츨의 추천 덕분이다.

"그는 라이프치히의 젊은 언어학자들 중에서 단연 총아라고 할 수 있다. 내가 어떤 기적을 말하고 있다고 생각할지도 모르는데, 그렇다, 그는 기적이다. 또한 사랑스러우면서도 겸손하다."

인생의 다양한 단계와 환경에서 제아무리 능력이 뛰어난 사람이라도 최대한 많은 이의 도움을 얻기 위해 힘써야 한다. 주변 사람들과 긍정적인 상호관계를 구축하고 자신의 인기 지수를 높이는 것은 성공을 위한 필수조건이다.

사람과의 교류에서
무딘 것은 미덕이다

Nietzsche

사람과 교류할 때 시시각각 예민함과 경각성을 유지할 필요는 없다. 때로는 무딘 것이 미덕일 때도 있다.

니체의 대인관계 관련 철학에서는 사람과 교류할 때 상대방의 행위 또는 생각의 동기를 눈치챘더라도 둔한 척해야 한다고 믿는다. 실제 생활 속에서 조금은 무디고 둔해 보이는 사람이 오히려 인간관계가 더 좋으며 물 만난 고기처럼 사람들과의 관계를 아주 매끄럽고 원만하게 잘 처리한다. 왜일까? 심리학적 관점에서 보면 조금 아둔한 사람은 꿍꿍이속이 적고 남을 '음해'할 생각을 하지 않기 때문에 좀 더 편안히 사귈수 있다. 따라서 다른 사람의 신임을 얻고 싶다면 너무 영리하게 보이기보다는 '어리숙하게' 보일 필요가 있다. 어리숙한 척하는 것은 최고 경지의 사교철학으로, 겉으로 큰 지혜를 드러내지 않는 것이다.

만약 상대방이 공공장소에서 고담준론(高談峻論)을 늘어놓으며 자신의 유식함을 자랑할 때 상대방의 관점이 틀렸다는 것을 알면 당신은 어떻게 할 것인가? 상대방이 당신에게 자신이 직장에서 얼마나 인기가 좋고 상사의 신임을 받는지 자랑을 늘어놓을 때, 사실 불과 몇 시간 전에 그의 동료가 뒤에서 그를 험담하는 걸 들었다면 당신은 어떻게 할 것인가? 상대방의 체면이 구겨지든 말든 상관하지 않고 잘못을 지적한다면 상대방은 속으로 당신을 원망하거나 미워할 것이다. 이럴 때 지혜로운 사람은 흔히 모른 척하며 다 꿰뚫고 있으면서도 까놓고 말하지 않는다. 누구나 체면을 중요시하기 때문에 상대방의 체면을 지켜주어야만 좋은 관계를 유지할 수 있지 않겠는가!

다섯 살 난 어린아이가 있었다. 사람들이 오천 원짜리 지폐와 천 원짜리 지폐를 한 장씩 꺼내어 아이 앞에 놓고 고르라 할 때마다 아이는 언제나 천 원짜리를 골랐다. 그러자 어른들은 아이가 오천 원짜리가 천 원짜리보다 크다는 것도 모르는 바보라고 생각했다.

어느 날, 다른 동네에서 놀러 온 사람이 정말 그렇게 어리석은 아이인지를 직접 테스트하기로 했다. 오천 원짜리와 천 원짜리를 아이 앞에 놓고 고르라 하자 아이는 정말 천 원짜리를 골랐다.

도저히 믿을 수가 없어서 아이에게 직접 물었다.

"오천 원짜리로 천 원짜리보다 더 많은 물건을 살 수 있다는 것을 정말 모르는 거니?"

아이는 작은 목소리로 대답했다.

"당연히 알죠. 하지만 내가 오천 원짜리를 골랐다면 어른들이 다시는 나랑 이 게임을 하지 않았겠죠."

아이는 전혀 어리석지 않았고 오히려 놀라울 정도로 지혜로웠다. 하지만 아이는 바보인 것처럼 천 원짜리를 골랐다. 아이가 천 원짜리를 골랐기 때문에 사람들은 신기해서 계속 그런 테스트를 했고, 아이는 끊임없이 천 원짜리를 얻을 수 있었다. 만약 오천 원짜리를 골랐다면 돈을 얻는 것은 그때 한 번뿐이었을 것이다. 바보인 척 한 기간만큼 아이는 더 많은 천 원짜리를 챙길 수 있었다. 이것이 바로 아이의 바보철학이었다.

겉보기에 매우 총명하고 꼼꼼하고 똑 부러지는 사람들이 오히려 환영을 못 받는 경우도 많다. 가끔은 어수룩한 척하는 것이 인생을 살아가는 데 '묘약'임을 기억하자.

사람들과 교류할 때 상대방이 실수를 한다면 우리는 어떻게 대처해야 할까? 답은 간단하다. 보고도 못 본 척하고 상대방의 체면을 지켜줘야 한다. 또한 상대방이 대인관계에서 곤경에 빠졌을 때 절대로 엎어진 놈 꼭뒤 차는 짓은 하지 말아야 한다. 그럴 때는 또 다른 시각이나 핑계를 찾아 합리적인 해석으로 상대방의 비상식적인 행동이 지금의 상황에서는 정당하고 크게 비난할 바가 아님을 증명하여 상대방이 그 상황을 모면할 수 있도록 도와주어야 한다. 그러면 상대방은 난처한 상황을 벗어날 수 있고 정상적인 인간관계도 계속 유지해나갈 수 있게 되며 두 사람의 우정은 더욱 돈독해질 것이다.

사람과 사람은 서로 다르고, 아무리 친구라고 해도 의견이 맞지 않거나 관점이 달라서 한 치의 양보도 없이 논쟁을 벌일 수 있다. 이때는 먼저 깃발을 내리고 북소리를 멈춰야만 최악의 상황으로 치닫지 않는다. 가장 교묘한 방법은, 바로 친구의 눈길을 다른 곳으로 유도하여 흥분을 가라앉히게 한 다음 가볍고 편안한 분위기 속에서 어색함 없는 사교 활동이 순조롭게 진행되도록 하는 것이다.

사교생활에서 상대방의 체면을 지켜주는 것은 서로의 감정을 유지하는 가장 효과적인 방법이다. 아무쪼록 일상적인 왕래에서도 선의의 관점에서 출발하여 특정한 말로 대인관계를 조절하고 상대방의 체면을 지켜준다면 사교 장소에서 물 만난 고기처럼 활약할 수 있을 것이다.

신도
진심 어린 칭찬을 좋아한다

Nietzsche
사람들은 누구나 칭찬받는 것을 좋아한다.

세상에서 사람을 내 마음대로 부리는 방법은 바로 그가 원하는 걸 주는 것이다. 그렇다면 사람들이 원하는 것은 무엇일까?

니체는 친구에게 보내는 편지에서 이렇게 적었다.

'사람들은 누구나 칭찬받는 것을 좋아한다.'

그는 또 이렇게도 언급했다.

'인간의 본성 중 가장 갈망적인 욕구는 바로 인정받는 것이다.'

'희망', '기원'과 같은 단어가 아닌 '갈망'이라는 단어를 사용한 것을 보면 니체에게 칭찬받는 것이 얼마나 중요한 일인지를 알 수 있다. 사실, 이 같은 갈망은 인간의 마음을 끊임없이 좀먹고 있으며 그중 소수의 사람은 인간의 이 욕망을 만족시켜주기만 하면 그를 자기 마음대로 조종할 수 있음을 안다. '인정받고 싶은 욕망'은 인간과 동물의 가장 큰 차이이기도 하다.

잭스는 고액 연봉을 주고 찰스를 새로 설립한 회사의 사장으로 영입했다. 당시 찰리는 불과 38세의 젊은 나이였다. 사람들은 잭스가 찰스를 사장으로 영입한 것을 이해하지 못했다. 게다가 연봉을 500만 달러나 주다니! 찰스가 대단한 천재여서? 아니면 주식에 대해 남들보다 훨씬 더 많이 알고 있어서? 다 아니다. 찰스는 자신의 부하 직원 중에는 주식에 대해 자신보다 훨씬 정통한 전문가가 많다고 잭스에게 솔직히 털어놓았다.

사실, 잭스가 고액 연봉을 주고 찰스를 영입한 주요 이유는 바로 찰스가 인사관리에 매우 능통하기 때문이었다. 잭스가 인사관리의 비결을 묻자 찰스는 이렇게 대답했다.

"직원들이 자신의 능력을 최대한으로 끌어올릴 수 있게 하는 가장 좋은 방법은 바로 칭찬과 격려라고 생각합니다. 나는 직원을 꾸짖거나 질책하지 않으며 포상이 사람들을 열심히 일하게 하는 원동력이라고 믿습니다. 그렇기 때문에 나는 칭찬하기를 좋아하고 작은 실수를 끄집어내어 질책하는 것을 싫어합니다."

이것이 바로 잭스가 찰스를 선택한 이유이자 찰스의 성공 비결이었다.

존 록펠러의 성공적인 인사관리의 가장 중요한 비결 역시 진실한 칭찬이다. 록펠러의 협력 파트너 중에 에드워드 베드포드라는 사람이 있었다. 한번은 베드포드의 잘못된 의사결정으로 회사가 100만 달러의 손실을 냈다. 당시 록펠러는 충분히 베드포드를 질책할 수 있었지만 그렇게 하지 않았다. 베드포드가 최선을 다했다는 것을 알았고 또 이미 지나간 일이기 때문이었다. 그래서 록펠러는 오히려 베드포드가 60퍼센트의 투자비용을 회수한 일을 들어 그를 칭찬했다.

"아주 잘했네. 회사가 언제나 정상만 달릴 수는 없지 않은가!"

유사한 사례는 매우 많다. 진심으로 상대방을 칭찬하는 것은 경영자로서의 필수 과목일 뿐만 아니라 생활 속에서 모든 사람이 배워둬야 할 처세의 기술이기도 하다. 2012년에 미국 여성의 가출 원인에 대해 조사한 적이 있다. 미국 여성들이 가출하는 가장 주된 이유는 무엇이었을까? 바로 '자신의 노력을 감사히 여기지 않는다'였다. 사람들은 흔히 마음속으로는 상대방의 노력과 희생을 고마워하면서도 칭찬과 고마움을 표현하는 데는 인색하다. 마치 상대방이 당연히 그렇게 해야 하는 것처럼 말이다.

우리는 아이와 친구 내지는 직원의 건강에는 관심을 기울이는 우리가 그들의 자존심을 챙긴 적은 있던가? 체력을 보충하라고 맛있는 스테이크와 와인을 사주면서도 고맙다는 말은 간과한다. 이런 말은 아침을 깨우는 아름다운 음악 소리보다도 더 사람들의 기억 속 깊은 곳에서 끊임없이 재생된다.

브로드웨이의 유명한 뮤지컬 작가 플로렌즈 지그펠트(Florenz Ziegfeld)는 '미국의 젊은 여성을 빛나게 하는' 초인적인 능력을 갖고 있다. 그는 여러 차례에 걸쳐 누구도 눈길 한 번 주지 않은 평범한 젊은 여성을 아름다운 자태의 매혹적인 스타로 변신시키는 데 성공했다. 그의 방법은 간단했다. 바로 칭찬과 격려였다. 그는 친절하고 세심한 마음으로 여성들의 마음을 움직여 그들로 하여금 자신이 아름답다고 믿게 했다. 또한 월급을 올려주는 방법으로 여직원들이 자신의 중요성을 느끼게 했다. 낭만적인 그는 또 뮤지컬 초연 때마다 주연배우에게 전화를 하고 새빨간 장미 한 다발을 선물했다.

사람들이 남에게 조금의 즐거움을 주는 것조차 인색하고, 상대방에게서 얻을 것이 없을 때 더 이상 칭찬이나 진심 어린 감사의 뜻을 표현하지 않는다 생각해보자. 만약 인간의 영혼의 크기가 고작 야생 사과만 하다면 인간의 마음은 얼마나 메마르고 궁핍해지겠는가.

▼

왜 미소로
사람을 대하지 않는가

사람들의 미소는 '나는 당신을 좋아한다. 당신을 만나서 매우 반갑다!'는 뜻을 전달한다. 대인관계에서 미소는 무한한 매력을 갖는다. 그것은 마치 거대한 자석처럼 사람들을 끌어당기고 유혹하여 절대 거절할 수 없게 한다. 니체는 미소가 가늠할 수 없을 만큼 큰 가치를 갖고 있다고 생각했다. 미소는 대인관계의 기적을 창조함과 동시에 우리 자신을 변화시키기도 한다.

어떤 사람들은 미소의 가치는 무한하다고 말한다. 미소의 힘은 거대하다. 아이들의 천진난만한 미소는 천사를 떠올리게 하고 부모님의 온화한 미소는 따뜻한 정을 느끼게 하며 할아버지의 자상한 미소는 자애로움을 느끼게 한다. 흔히 볼 수 있는 사례를 보자면, 강아지가 주인을 보고 미친 듯이 꼬리를 흔들어대는 모습은 주인에게 강아지가 인간의 가장 충실한 친구라고 느끼게 한다. 니체의 생각도 같았다.

"미소는 언제나 매력적이다. 사람은 미소를 지을 때 정신적으로 가장 홀가분하고 온몸의 근육에서 힘을 뺀 편안한 상태가 된다. 또한 심리 상태도 상대적으로 안정적이며, 웃음 가득한 눈빛이 상대방의 눈빛과 마주쳤을 때 웃음기가 눈빛이라는 '무형의 다리'를 통해 상대방에게 전달되어 상대방도 즐거운 기분에 함께 젖어들게 한다. 자연스럽게 두 사람 사이의 분위기는 조화롭게 변하고 소통도 훨씬 쉬워진다. 반대로 잔뜩 인상을 쓰거나 죽을상을 하고 있으면 어느 누구나 반가워하지 않을 것이다."

이것은 니체만의 생각이 아니다. 실제 사회생활에서도 미소에는 무궁무진한 힘이 있다.

로버트는 신시내티의 한 컴퓨터 회사 대표이다. 업무상 필요해서 기술 부서 담당자를 채용하려고 채용 광고를 냈지만 지원하는 사람이 아무도 없었다. 마침 캘리포니아대학교를 막 졸업한 컴퓨터공학 박사가 있는데 성적이 우수하여 이미 여러 대기업으로부터 채용 합격 통지를 받았다는 소식을 들었다. 로버트는 한번 시도라도 해보자는 생각으로 그에게 전화를 걸었다. 로버트는 우선 친절하고 예의 있는 말투로 회사의 상황을 소개하고 회사의 실력이 아직은 다른 대기업들보다 못하지만 유능한 기술 인력들이 힘을 합쳐 열심히 일한다면 반드시 업계에서 자리를 굳힐 수 있을 것이라는 설명을 덧붙였다.

며칠 뒤, 컴퓨터공학 박사가 전화를 걸어와 로버트의 회사에 출근하겠다는 뜻을 밝혔다. 그의 말을 들은 로버트는 매우 기뻐하면서도 그가 왜 굴지의 대기업을 두고 자신의 회사를 선택했는지 이해가 되지 않았다. 로버트가 그에게 이 같은 질문을 하자 상대방은 잠깐 망설이더니 대답했다.

"다른 몇 개 회사의 대표들은 사람을 대하는 태도가 굉장히 강압적이었습니다. 말투도 매우 차갑고 사람을 무시하는 듯하여 기분이 불쾌했습니다. 이런 상사와 같이 일을 한다면 인간적인 존중은 물론이고 제대로 된 대우도 받지 못할 것이라는 생각이 들었습니다. 비록 지위에는 높고 낮음이 있지만 인간으로서의 법적 지위는 평등하기 때문에 잘난 체하며 사람을 무시하는 것은 잘못되었다고 생각합니다. 그런데 대표님은 그렇지 않았습니다. 친절하고 겸손한 말투로 저에게 회사의 상황을 상세하게 설명하시는데, 목소리가 따뜻하고 인간미가 있었습니다. 저를 회사의 직원으로 채용하고자 하는 진심이 느껴졌습니다."

▼

로버트는 그가 말하는 중에도 줄곧 미소를 지으며 듣고 있었다. 그에게 처음 전화를 걸 때도 마찬가지였다. 로버트는 바로 미소의 힘 때문에 훌륭한 인재를 얻을 수 있었던 것이다.

미국의 텔레마케팅 회사들은 텔레마케터들에게 '특수전화 효과'라는 교육을 실시한다. 전화를 할 때 반드시 얼굴에 미소를 띠고 통화하여 전화 상대가 보지 못하더라도 미소의 기운을 느낄 수 있게 한다는 취지다.

미소는 마음속에서 우러나오는 것이다. 일과 생활 속에서 언제나 미소 짓는 태도로 일관한다면 그만큼 생활에 흥미를 느낀다는 뜻이고 그것은 곧 성공을 향한 첫걸음이 된다.

결혼 18년차인 증권브로커 스탠하드는 아침에서 일어나서 집을 나설 때까지 아내에게 웃어주거나 말을 거는 일이 거의 없었다. 그래서 집안 분위기는 언제나 무겁고 답답했다. 그는 이래서는 안 되겠다는 생각에 친구가 충고해준 대로 상황을 바꿔보기로 결정했다.

다음 날 아침, 머리를 빗다가 거울 속에 비친 자신의 웃음기 하나 없이 딱딱한 얼굴을 마주한 그는 자신에게 말을 걸었다.

"오늘은 반드시 석고처럼 딱딱한 그 얼굴을 펴고 웃음을 지어야 해. 바로 지금부터 당장!"

아침 식사를 하려고 식탁에 앉은 그는 얼굴에 편안한 미소를 띠고 아내에게 인사했다.

▼

"잘 잤어, 여보?"

아내의 반응은 놀라웠다. 입을 벌린 채 넋이 나간 표정이었다. 예상치 못한 남편의 행동에 아내는 진심으로 기뻐하는 표정이었다. 그는 앞으로도 쭉 이렇게 하겠노라 아내에게 다짐했다.

그때부터 스탠하드는 완전히 바뀌었다. 이제 그는 회사 경비원한테도 웃으며 인사하고, 은행에서 환전할 때도 웃는 얼굴로 은행 직원을 대했다. 거래소에서 처음 보는 사람을 대할 때도 마찬가지였다.

얼마 후 그는 모든 사람이 자신을 보면 다 웃음을 보내준다는 사실을 발견했다. 자신에게 하소연하러 찾아온 사람한테는 친절한 태도로 관심 있게 하소연을 들어주었다. 그리고 그들이 고민된다고 하소연하던 일들은 어느새 쉽게 해결됐다. 미소는 그에게 아주 많은 자산을 가져다주었다.

스탠하드는 젊은 직원도 한 명 고용했다. 그는 자신이 거둔 성과에 대해 대단히 만족하며 스스로를 자랑스러워했다. 어느 날 그가 젊은 직원한테 '인간관계학'에 대해 이야기하자 젊은 직원이 이렇게 말했다.

"처음 이곳에 출근했을 때 성격이 아주 나쁜 사람이라고 생각했는데 요즘은 생각이 완전히 바뀌었어요. 웃을 때 아주 따뜻하고 인간미 넘치게 느껴집니다."

니체의 말이 옳았다.

"미소는 사람으로 하여금 친절함과 기쁨과 선의를 느끼게 한다. 남자, 여자, 노인, 아이 들의 얼굴이 더욱 아름답고 매력적으로 변하게 한다. 또한 미소는 사람의 표정을 풍부하게 하고 열정이 넘치게 하며 우호적이고 배려하며 따뜻한 마음을 갖게 한다."

미소 짓는 습관을 키워야 한다. 매일 아침 일어나서 가장 먼저 거울을 보고 미소 짓는 연습을 하라. 처음에는 억지로 미소 짓는 동작을 해야 할 수도 있다. 그러나 연습을 통해 미소 짓는 데 필요한 근육과 신경을 능숙하게 사용하면 언제든지 사람들에게 매력적인 미소를 보일 수 있을 것이다.

조화로운 관계는
거리를 통해 유지된다

Nietzsche

갈등과 분쟁은 너무 가까워서 발생한다.

겨울밤, 졸리고 추운 고슴도치 두 마리가 추위를 견디고자 서로를 부둥켜안으려고 했지만 상대방의 가시에 찔려 재빨리 서로에게서 떨어졌다. 그러나 날씨가 참을 수 없을 정도로 추워서 다시 서로에게 다가갔다. 그렇게 붙었다 떨어지기를 여러 번 반복하다가 마침내 서로 몸을 따뜻하게 해주면서도 상대방의 가시에 찔리지 않는 적당한 거리를 찾아냈다. 사람들은 흔히 이것으로 우정을 비유한다. 니체는 말했다.

"사람과 사람 사이에는 일정한 거리를 유지해야 한다. 이는 사람의 '자아'가 생존하는 데 필요한 최소한의 공간이다. '자아'가 없는 사람은 다른 사람의 '자아'가 생존할 공간이 필요

▼

하다는 사실을 공감하거나 존중할 줄 모른다. 그대가 혼자 방에 숨어서 고통을 달래고 꼼꼼히 생각해보려고 할 때 갑자기 방문이 열리면서 사람들이 몰려들어와 잇달아 동정의 말을 쏟아내면 그대는 그대의 고통과 함께 소란스러운 동정의 파도에 파묻혀버린다."

사람은 평생 많은 친구를 사귄다. 어떤 친구들은 그냥 보통 친구이고 어떤 친구들은 '절친'이라고 부를 수 있는 아주 친한 친구다. 그런데 그런 '절친'도 결국은 서로 헤어지게 되는 경우가 많은데 '인연이 다되어서' 헤어지는 경우도 있고, '기분 나쁘게' 헤어지는 경우도 있다. '절친'이 된다는 것은 그렇게 쉬운 일이 아닌데 헤어지면, 그것도 '기분 나쁘게' 헤어지면 물론 나중에 다시 만나기가 정말 쉽지 않다.

사람은 살아가면서 평생 끊임없이 새로운 친구를 사귀지만 새로운 친구가 오래된 친구보다 좋은 경우는 드물다. 그만큼 오래된 친구를 잃는 것은 인생의 큰 손해다. 오래된 친구를 잃지 않기 위해서는 니체의 이 충고를 꼭 기억하라.

"아무리 친한 관계일지라도 거리가 필요하다."

신이 자신의 형상을 본떠 인간의 신체를 만들었다. 나뭇가지에 흙탕물을 묻혀서 휘두르니 수만 개의 사람 모양이 만들어졌다. 그리고 또 심심해지자 인간에게 가기 다른 언어와 성격, 희로애락을 불어넣어주었다. 그때부터 인간이 탄생하여 번식을 시작했고 더 이상 완전히 똑같은 사람이 없어졌다.

▼

그렇다. 세상에 완전히 똑같은 사람은 없다. 외형적으로 아무리 비슷하게 생겼더라도 성격과 취미가 똑같을 수 없고 경력과 사물에 대한 인지가 똑같을 수 없다. 그래서 거리가 생겨난다. 거리는 인간관계의 자연적인 속성이다. 관계가 아주 친밀한 친구도 예외는 아니다. 좋은 친구가 되었다는 것은 여러 방면에서 같은 목표와 성향, 견해, 그리고 마음의 교류가 있다는 것을 의미하지만 서로 간에 한 치의 빈틈도 없이 완전히 하나가 된다는 것은 아니다. 세상의 모든 사물은 독자적인 개성을 갖고 있고 사물의 공통성은 개성 속에 존재한다. 공통성은 우정의 연결고리이자 윤활제이고, 개성과 거리는 우정이 서로를 끌어당기며 영원히 그 생명력을 유지하는 근본이다. 인간관계는 마치 용수철 같아서 적당한 거리를 유지하고 적당하게 늘였다 좁혔다 해야 영원히 아름다운 탄력을 유지할 수 있다.

거리가 보여주는 아름다움 때문에 사람들은 서로 상대방의 그 아름다운 마음속으로 들어가고 싶어 한다. 또한 각자의 매력과 상대방에 대한 관심과 배려를 드러내려고 노력한다. 거리가 좁혀지면 '완벽하지 않은' 인간의 결함이 우정의 눈부신 아우라 속에서 나타난다. 상대방을 너무 깊이 알아버리는 바람에 상대방의 완벽하지 않은 모습을 발견하게 된다. 그래서 결함의 그림자가 마음속에서 충돌하고 일부 불협화음이 덩달아 나타나게 된다.

관계와 거리가 가까워지면 내심 서로 상대방이 자신과 똑같이 흔들리기를 요구하게 되고 약간의 위배에도 특별히 신경 쓰게 된다. 이에 상대방이 자신을 속였다는 생각과 자신에게 충실하지 않았다는 생각이 들면서 우정을 의심하게 된다. 결국 냉대와 다툼이 발생하여 우정의 근본이 흔들리기에 이른다.

관계는 일단 한 번 변하면 다시는 원래의 조화로운 상태로 돌아가지 못한다. 그제야 왜 당초에 너무 가까이 다가가서 적당한 거리와 어렴풋한 관계가 주는 아름다움을 파괴했는지 땅을 치며 후회한다.

인간은 이렇게 이상하다. 없을 때는 가지려 애쓰고 막상 가지면 또 지나치게 엄격하고 까다롭게 대한다. 사람은 늘 무심결에 자기 자신을 다치게 한다. 신기하게도 친구 사이의 감정은 부부 사이의 감정과 매우 비슷해서 아주 사소한 일에도 관계가 완전히 틀어질 수 있다.

부부 사이에 서로 손님을 대하듯 깍듯하게 대하면 자연스럽게 좋은 금실을 유지할 수 있겠지만, 사실 부부는 너무 가까운 사이여서 서로 깍듯이 대하기가 쉽지 않다. 친구 사이에도 마찬가지다. 서로 깍듯이 대하고 적당한 거리를 유지하는 것이 우정을 지키는 가장 좋은 방법이다.

적당한 거리를 유지한다는 것은 무슨 의미일까? 간단히 말하면 지나치게 친밀한 관계를 지양하고 하루 종일 붙어 있지 말라는 것이다. 다시 말해 마음은 가까이하되 몸은 거리를 유지하는 것이다. 거리를 유지하면 예의가 생겨나고 상대방을 존중하게 되며 그것이 서로의 갈등과 마찰을 막아주는 스펀지 역할을 한다.

물론 지나치게 거리를 유지하면 관계가 서먹해지고 멀어질 수도 있다. 특히 현대인들은 너무나 바쁘게 사느라 상대방을 쉽게 잊어버릴 수 있다. 그렇기 때문에 친한 친구라도 평소에 종종 전화를 해서 근황을 묻고 가끔 만나서 밥을 먹으며 대화를 나눠야 할 것이다. 그렇지 않으면 친한 친구에서 일반 친구가 되고 끝내는 그저 아는 사람으로 전락할 수 있다.

고슴도치의 사례는 사람과 사람 사이에는 거리가 필요하다는 것을 가장 적절하게 비유하고 있다. 추운 겨울에 고슴도치 두 마리가 함께 추위를 달래고자 서로 가까이 다가간다. 그런데 둘 다 몸에 가시가 있어서 너무 가까이 다가가면 서로 가시에 찔리게 된다. 그렇다고 너무 멀리 떨어져 있으면 서로의 체온을 느낄 수가 없다. 그래서 그들은 끊임없이 적절한 거리를 찾기 위해 시도하고 적당한 거리를 찾아내야 한다. 사람도 마찬가지다. 사람은 각자 자신만의 개성이 있기 때문에 두 사람이 너무 가까워지면 개성이 서로 부딪혀 마찰이 생기고 상대방을 불쾌하게 할 수 있다.

예의는
곧 매력이다

Nietzsche

예절은 사회 활동에서 윤활제 역할을 하고 사람과 사람의 감정을 이어주는 연결고리이며 인간관계의 다리이다.

사회생활을 하다 보면 사람들은 흔히 능력이 모든 것을 결정한다고 생각하며 예의를 아주 중요하게 생각하지 않는다. 하지만 사람의 품격, 교양, 매너, 품위 등은 모두 '예의'를 바탕으로 하며 그것은 매력의 핵심이다. 사람이 예의가 없으면 내적인 인격과 외적인 이미지 모두 무너지고 만다. 예의를 모르는 사람은 사람 구실을 제대로 할 수 없으며 사회에서도 발을 붙이지 못한다.

1869년 2월, 25세의 니체는 스위스 바젤대학의 고전언어학과 교수가 되었다. 그 후 10년 동안 니체는 자신의 인생에서 상대적으로 유쾌한 시기를 보냈다. 그는 바젤대학에서 스위스의 유명한 문화예술사 연구학자인 야코프 부르크하르트(Jacob Burckhardt) 같은 훌륭한 선배들과 젊은 친구들을 많이 사귀었다. 1869년 4월에 니체는 스위스 국적을 취득하고 스위스 사람이 되었다.

니체가 바젤대학에 면접을 보러 갔을 때의 일이다. 니체는 비 오는 날 면접을 봤는데 면접관은 학교에서 아주 유명한 교수였다. 니체는 문을 열고 들어가 현관에서 우산의 물을 최대한 털어내고 그다음에 현관 입구에 놓인 발 매트에 신발에 묻은 진흙을 꼼꼼히 닦고 우산을 벽에 기대어놓은 후에야 방 안으로 들어갔다. 그러고는 고개를 숙여 깍듯이 교수에게 인사를 했다. 반시간 뒤 인터뷰가 끝나자 니체는 일어나서 작별인사를 하며 비 오는 날에 방문해서 매우 미안하다며 사과의 뜻을 전했다.

교수는 당장 니체를 채용하기로 결정했다.

"저 젊은 친구는 강의 경험도 적고 학교의 추천서도 없는데 왜 군이 저 친구를 채용하려는 겁니까?"

조교가 도저히 이해할 수 없다는 표정으로 물었다. 그러자 교수가 웃으며 대답했다.

"추천서가 없다고 누가 그러던가? 그의 바른 예절이 바로 가장 좋은 추천서라네!"

예의 바른 행동거지는 니체를 수많은 응시자 중에서 단연

돈보이게 했다. 왜 "예의 바른 사람은 세상 어디를 가도 두렵지 않다"라고 하는지 알 만하다. 교양 있는 사람과 교제하면 상대방의 예의 바른 행동에 절로 기분이 유쾌해진다. 예의 없고 무식한 사람과 함께 있으면 상대방의 언행에 불쾌감을 느끼게 된다. 예의 바른 사람은 더욱 쉽게 사람들의 호감을 얻게 마련이다. 사회생활에서 예의는 인맥관계를 넓혀주는 가장 좋은 방법이고 반대로 예의가 없으면 인맥관계를 망치는 결정적인 이유가 될 수 있다. 때로는 예의상의 작은 실수라도 대인관계에 큰 손상을 입힐 수 있다.

대만계 광고 회사에서 근무 중인 제니는 2년 동안 피나는 노력을 통해 뛰어난 업무력을 갖췄음은 물론 고객과의 돈독한 관계를 유지하면서 회사에서 유망한 인재로 인정받았다. 상사와 동료들 모두 그녀가 부서 책임자로서의 능력과 자격이 충분하며 당연히 승진할 것이라고 생각했다. 매니저는 제니에게 승진보고서를 대만 본사에 제출했고 본사 사장님이 다녀가고 나면 즉시 그녀를 영업실장으로 승진시킬 것이라고 말했다.

얼마 후 제니는 제법 큰 광고 집행 계획을 성공시켰고 이때 마침 본사 사장이 지사를 방문했다. 제니가 또 새로운 실적을 올렸다는 것을 알게 된 사장은 매우 기뻐하며 축하의 의미로 제니와 매니저에게 식사를 대접하겠다고 했다. 사장이 이렇게까지 예우해주자 제니는 이번에 반드시 승진할 수 있겠다는 확신이 들었다.

식사가 끝나고 사장이 가는 길에 태워다주겠다고 했다. 택시를 자주 타던 제니는 아무 생각 없이 평소 하던 대로 뒤쪽 차문을 열고 뒷좌석에 앉았다. 매니저는 약간 의아한 표정으로 그녀를 한 번 쳐다보고는 말없이 조수석에 앉았다. 제니는 자기가 뒷좌석에 앉은 것이 뭔지 모르게 좀 찜찜한 느낌이 들었지만 이렇게 앉으면 사장과 매니저가 대화하기도 편할 것 같다는 생각에 곧 이상한 느낌을 떨쳐버렸다. 중간에 매니저가 먼저 차에서 내렸는데 그는 또다시 의미심장한 표정으로 제니를 쳐다보았다. 하지만 제니는 그의 뜻을 알아차리지 못한 채 손을 흔들었다. 제니를 집으로 데려다준 사장이 작별 인사를 할 때 표정이 좀 차가웠지만 제니는 피곤해서 그러려니 했다.

그런데 그날 이후로 승진 이야기는 감감무소식이었다. 제니는 속으로 애가 탔지만 대놓고 물어보기도 뭐해서 그냥 더 열심히 일했다. 그렇게 반년이 지난 후에 어느 날 밤늦게까지 야근을 하고 있는데 갑자기 매니저가 제니를 사무실로 불러 일의 전말을 알려주었다. 대만 사장은 비교적 전통적이고 보수적인 사람이라 사소한 예의를 매우 중요시한다고 했다. 예를 들면 차를 탈 때 운전석 옆의 조수석은 흔히 '죽음의 좌석'이라고 부르기 때문에 여러 사람이 함께 탈 경우 직급이 낮은 사람이 조수석에 앉는 것이 예의다. 사장은 젊은 사람이 겸손하고 사양할 줄을 알아야 한다고 생각하는데 제니가 말없이 뒷좌석에 타는 것을 보고 실망한 것이었다. 매니저가 먼저 내린 후에라도 제니는 곧바로 조수석으로 자리를 옮겼어야 했다. 그런데 제니는 그냥 뒷좌석에 앉아 있었고 사장을 마치 기사처럼 보이게 했다. 이런 예절상의 실수는 비록 작은 일인 것 같지만 사장에게 안 좋은 인상을 남겨주어 승진의 기회를 잃은 것이다.

예의는 그 사람의 이미지를 대표할 뿐만 아니라 다른 사람의 마음을 움직여 예상치 못한 인간관계를 가져다줄 수도 있다. 적당히 예의를 차리면 사람들에게 큰 인기를 끌 수 있다. 니체는 이렇게 말했다.

"사회관계가 하나의 기계라고 한다면 예의 바른 태도는 바로 그 기계를 잘 돌아가게 하는 윤활제다."

대인관계에서 존중하고 존중받는 대화와 행동이 이루어져야만 자신의 이미지가 더욱 좋아지고 관계가 순조롭게 지속적으로 발전해나갈 수 있다.

훌륭한 예의는
겸손한 매너를 부른다

Nietzsche

아름다운 행위는 아름다운 외모보다 더 큰 힘을 가지며 사람을 더 즐겁게 한다. 이는 정교하고 아름다운 인생의 예술이다.

사람과의 교제에서 외모와 옷차림은 다른 사람에게 깊은 인상을 남긴다. 하지만 그보다도 한 번 보면 절대 잊지 못하는 것은 바로 상대방의 말과 행동거지다. 다시 말해 사람은 훌륭한 몸매보다도 우아한 자태와 교양 있는 언행으로 사람들이 가까이하고 인정하게 해야 한다.

풍경이 아름다운 뉴욕 거리에는 오피스텔이 빽빽하게 늘어서 있다. 조명용품 회사의 영업 사원인 톰은 새 제품 판매 계약을 협의하기 위해 고객과의 약속 장소로 찾아갔다. 손에 새

▼

로 출시한 조명용품을 들고 신이 나서 6층에 있는 사무실로 달려갔다. 얼굴에 송골송골 맺은 땀을 닦을 겨를도 없이 곧바로 영업 부서 담당자의 사무실 문을 벌컥 열고 들어갔다. 업무를 처리 중이던 담당자는 깜짝 놀라 그를 쳐다보았다.

"죄송합니다. 우리 회사에서 이번에 새로 출시한 신제품을 가져왔습니다. 한번 봐주십시오."

톰이 말했다. 담당자는 하던 일을 멈추고 톰이 건네준 조명 제품을 받아들었다.

"참 예쁘네요!"

그는 톰에게 앉을 자리를 권하고 차를 내준 후 다시 제품을 꼼꼼하게 살폈다.

담당자가 신제품에 큰 관심을 보이는 것을 본 톰은 안도감이 들면서 소파등받이에 편안하게 기대어 다리를 꼬고 앉아 담배를 피면서 사무실을 둘러보았다. 담당자가 스위치가 왜이 자리에 있는지 묻자 톰은 습관적으로 손을 들어 머리를 긁적였다.

톰이 상세하게 설명했지만 담당자는 왠지 반신반의했다. 가격 이야기가 나오자 담당자는 "우리의 예산보다 좀 높으니 깎아달라"라고 말했다. 이에 톰은 이미 최저가라 한 푼도 낮출 수 없다고 대답했다. 담당자는 한참 동안 아무 말도 없었고 톰은 소소해졌다. 그는 자신도 모르게 넥타이를 헐렁하게 풀고 담당자를 뚫어져라 쳐다보았다. 마지막에 담당자가 또 물었다.

"이 조명에는 어떤 첨단 기능이 있습니까?"

톰은 또 머리를 긁적이면서 말했다.

"디자인이 참신하고 사용 수명이 길며 전기 사용량을 줄일 수 있습니다."

잠시 후 담당자는 핑계를 대고 밖으로 나갔고 톰 혼자 사무실에 남게 되었다. 한참을 기다려도 담당자가 돌아오지 않자 심심해진 톰은 책상 위에 있는 전화기로 친구에게 전화를 걸어 잡담을 나누었다. 이때 문이 열렸고 들어온 사람은 담당자가 아니라 그의 비서였다.

물어볼 것도 없이 톰의 거래는 실패했다. 실패의 원인은 바로 고객 앞에서 상대방의 느낌을 전혀 고려하지 않은 채 예의 없이 제멋대로 굴었기 때문이다. 이런 식의 오만하고 무식한 행동은 상대방의 반감을 살 수밖에 없고 당연히 거래도 성사될 리 없다.

사람은 언제 어디서나 그리고 그 누구 앞에서나 예의를 갖추고 우아하고 교양 있는 자태를 보여야 한다. 직위나 기세로 사람을 눌러서는 안 되고 잘난 척 거드름을 피워서는 더욱 안된다.

1868년 가을, 니체는 라이프치히에 있는 바그너의 누나의 집에서 자신이 오랫동안 동경해온 음악의 거장 바그너를 만났다. 두 사람 모두 좋아하는 쇼펜하우어의 철학에 대해 이야기를 나누느라 시간 가는 줄 몰랐다. 그 후 몇 년 동안 바그너와 그 아내는 예술과 이성 면에서 니체의 가장 좋은 스승이자 벗이 되어주었고 바그너의 집은 거의 니체의 두 번째 집이 되었다. 그뿐만 아니라 니체는 또 바그너의 스승인 리츨에게서 바젤대학에 보내는 추천서까지 받았다.

"지난 삼십구 년 동안 나는 수많은 젊은이의 성장을 지켜보았지만 니체처럼 조숙하고 이 나이에 벌써 이렇게 성숙한 젊은이는 일찍이 본 적이 없었다. 만약 하나님의 보살핌으로 그가 장수한다면 반드시 세계 일류의 독일언어학자가 되리라 감히 예언한다. 올해 스물네 살인 그는 건강한 신체와 완강한 의지를 갖고 있으며 활기가 넘친다. 그는 라이프치히의 젊은 언어학자들 중에서 단연 총아라고 할 수 있다. 내가 어떤 기적을 말하고 있다고 생각할지도 모르는데, 그렇다, 그는 기적이다. 또한 사랑스러우면서도 겸손하다."

리츨은 처음으로 니체가 천재라고 세상에 예언했다.

니체는 '사랑스러우면서도 겸손한' 언행으로 리츨의 칭찬을 얻어냈다. 훗날 니체는 "저속하고 무례한 언행으로 상대방의 미움을 사지 말고 훌륭한 예의로 사람들과의 관계를 구축하고 상대방의 인정을 받아야 한다"라고 감명 깊게 말했다. 행동거지는 한 사람의 정신 상태를 보여주고 일상생활에서의 개인 소양의 반영이자 교양 수준을 보여주는 거울이다. 아울러 말과 행동거지는 업무 효과에 영향을 주는 중요한 요인이기도 하다. 아름답고 우아한 행동거지는 예의의 기본적인 요구일 뿐만 아니라 내적인 교양과 매력의 표현이며 나아가 타인에 대한 존중이기도 하다.

타인을
직접적으로 비판하지 말라

Nietzsche

위인이 위대한 이유는 미천한 자를 대하는 방식에 있다. 상대방을 이해해야만

인자해지고 관대해질 수 있다.

니체는 이렇게 말했다.

"신도 최후 심판의 날 외에는 쉽게 인간을 심판하지 않는다."

전지전능한 신조차도 '심판'에 대해 이렇게 조심스러운데 평범한 인간으로서 어찌 툭하면 상대방을 비판하려 하는가?

잘못을 했으면 대가를 치러야 하고 비판은 선의의 경고일 뿐이라고 말할 수도 있다. 어쩌면 좋은 마음에서 그랬을 수도 있지만 예부터 말은 사람을 죽일 수도 있다고 했다. 우리는 사회적인 동물로서 다른 사람과 협력하고 또 경쟁한다. 대인관계를 어떻게 처리하느냐는 우리의 안정적인 생활에 영향을

미치는 중요한 문제다. 남들과 교류할 때 인간은 순전히 이성과 논리에 따라 행동하지 않는다. 또 인간은 감정이 풍부할 뿐만 아니라 편견과 오만과 허영심을 갖고 있다. 비판은 위험의 도화선으로 사람의 자존심을 깔아뭉개 폭발시킬 수 있으며 이런 폭발은 수시로 상대방을 죽음에 이르게 할 수 있다.

니체는 처음 바젤대학에서 교편을 잡았을 때 자신의 재능을 믿고 다른 사람을 지적하고 비난하기를 좋아하고 조롱하기까지 했다. 한번은 신문에 익명으로 투고하여 바젤대학의 한 동료를 조롱했다. 이 신문을 읽은 사람들은 니체의 신랄한 말투와 조롱 섞인 표현에 웃음을 터뜨렸다. 하지만 이 사실을 알게 된 동료는 분노를 금하지 못했다. 마침내 니체가 이 글을 썼다는 사실이 알려지자 평소에 온화하고 고상한 그 동료는 니체에게 결투를 요청했고 주위 사람들이 간신히 싸움을 뜯어말렸다.

결투 사건은 니체의 인생에 매우 심대한 영향을 미쳤다. 그 후부터 그는 다시는 다른 사람을 모욕하는 글을 쓰지 않았고 최대한 타인을 비판하지 않았다. 비판을 하더라도 먼저 상대방의 입장에서 그의 관점을 이해하려 노력했다. 니체는 비판이 얼마나 위험한 일인지를 절실하게 느꼈다. 그것은 한 사람의 자존심을 완전히 무너뜨릴 수 있고 또 완강한 반항을 불러일으킬 수도 있으며 심지어 목숨을 대가로 한다. 그 비판이 원래의 취지에 맞게 전달되거나 희망하는 궤도로 가지도 않는다.

물론 반드시 어떤 일을 비판해야 하는 때도 있다. 만약 당신이 공공장소의 위생을 책임지고 있고 몇몇 사람이 '흡연 금지'라는 팻말이 크게 붙어 있는데도 버젓이 담배를 피우고 있는 광경을 목격했다면 어떻게 할 것인가? 직접 다가가서 큰 소리로 비난의 화살을 퍼부을 것인가? 아니면 다른 우회적인 방법을 선택할 것인가? 철강왕 카네기의 유능한 조수인 찰스 슈왑도 바로 이런 상황에 부딪힌 적이 있었다.

어느 날 슈왑이 제철소에 시찰을 나갔는데 직원 몇 명이 공장 안에서 담배를 피우고 있는 모습이 보였다. 그들 옆에는 '흡연 금지'라는 팻말이 떡하니 붙어 있었다. 슈왑은 그들에게 다가가서 부드러운 말투로 말했다.

"여러분, 많이 힘들지요? 편하게 앉아서 쉬세요!"

그는 말하면서 자신의 담배를 꺼내어 직원들에게 한 대씩 나눠주었다.

"내 시가를 한번 맛보세요. 나에게 고맙다는 말은 하지 마세요. 정 고맙다는 말을 하고 싶다면 공장 밖에 나가서 담배를 피우세요. 그러면 정말 감사하겠습니다."

직원들은 슈왑의 말에 담긴 뜻을 알아차리고 잘못을 인정했다. 그리고 진심으로 슈왑을 존경하게 되었다. 왜냐하면 그들은 아무런 벌을 받지 않았을 뿐만 아니라 시기를 한 대씩 얻기까지 했기 때문이다. 이런 관리자를 직원들이 어떻게 따르지 않을 수 있겠는가?

▼

슈왑은 매우 현명했다. 직원들이 규칙을 어겼다고 무조건 질책한 것이 아니라 우회적으로 접근하여 직원들이 진심으로 승복하게 만들고 자신을 더욱 좋아하게 만들었다.

우리는 어떤 일을 비판할 때 최대한 정면으로 충돌하는 것은 피해야 한다. 직접적인 비판은 상대방의 자존심에 상처를 줄 뿐만 아니라 대인관계를 파괴하며 무엇보다 기대한 만큼의 효과가 없다. 만약 슈왑의 방법처럼 우회적으로 상대방의 잘못을 암시한다면 상대방은 우리를 원망하지 않고 오히려 우리가 자신을 진심으로 배려한다 생각할 것이다. 나아가 우리에게 고마워하며 더욱 적극적으로 잘못을 만회하려고 힘쓸 것이다.

자신과 다른 의견에 대해 우리는 니체처럼 이해하려고 노력해야 한다. 사람은 누구나 실수를 하고 상대방의 이해를 얻기 바란다. 남의 실수를 발견하자마자 질책하고 비난한다면 오히려 그들을 망치게 된다.

야박한 비판은 영국의 대문호인 토머스 하디로 하여금 한때 소설 창작을 그만두게 한 적도 있다. 또한 가혹한 비판은 영국의 시인 토머스 채터턴을 자살하게 만들었다.

어떤 일이 벌어졌을 때 다른 사람이 왜 그런 잘못을 저질렀는지 책망하거나 그 잘못을 적나라하게 들춰내지 말고 그들이 왜 그랬는지 이해하려 노력해야 한다. 그것이 단순하고 무식한 비판보다 훨씬 효과적이고 훨씬 유익하다.

▼

상대방의 장점을 발견하려고
노력하라

Nietzsche

상대방의 장점을 발견하고 인정하며 그것을 배워 자신의 부족함을 보완해야
만 정직하고 겸손하며 열정적이고 예의 바른 사람이 될 수 있다.

니체는 대학에서 학생들을 가르칠 때 이렇게 타일렀다.

"만약에 한 사람이 매우 훌륭하다면 우리는 그 사람에게서
훌륭한 인격과 품성을 발견할 수 있다. 만약 그렇게 생각하지
않는다면 그 사람의 숨은 장점을 발견할 수 없다. 본인의 마음
가짐이 적극적이면 다른 사람의 적극적인 모습을 쉽게 발견
하게 된다. 스스로 끊임없이 정진할 때 다른 사람의 장점을 인
정하고 칭찬하는 습관을 함께 키우는 것을 잊지 말고, 다른 사
람의 훌륭한 특징을 인식하고 발굴해야 한다."

타인의 장점을 인정하는 것은 지혜일 뿐만 아니라 한 사람

의 기백을 보여주기도 한다. 타인의 단점을 발견하기란 어쩌면 매우 쉽다. 하지만 타인에게서 우수한 품성을 발견하고 그들의 성과를 진심으로 인정하며 칭찬하는 넓은 마음을 갖추어야 진정한 우정과 인정을 얻어낼 수 있다.

시야의 크기가 성공의 크기를 결정한다. 우리 곁에는 훌륭한 사람이 많다. 그들의 장점을 발견하고 인정하며 본보기로 삼으면 결국 가장 많은 것을 얻는 사람은 나 자신이 될 것이다. 또한 공감과 인정의 눈빛은 상대방에게 그대로 전달되어 진정한 친구를 얻게 하니, 마다할 이유가 없지 않은가?

햇볕이 따스한 봄날의 오후, 잭은 아빠의 손을 잡고 공원에서 산책을 하고 있었다. 따뜻한 봄 날씨에 전혀 어울리지 않게 두꺼운 울코트를 입고 모피로 만든 목도리를 두른 할머니가 다가왔다. 잭은 작은 소리로 아빠에게 말했다.

"아빠, 저 할머니의 옷차림이 너무 이상해요."

아빠도 할머니를 봤지만 무시하는 표정을 짓지 않았다. 오히려 매우 엄숙한 말투로 잭에게 말했다.

"다른 사람의 결점을 끄집어내려고 하지 말고 장점을 인정할 줄 알아야 한다."

아빠는 잭의 머리를 쓰다듬으며 이어서 말했다.

"내 생각은 너와 다르단다. 나는 저 할머니가 아주 멋있다는 생각이 드는구나."

▼

잭은 고개를 갸웃하며 아빠를 바라보았다. 아빠는 이렇게 말했다.

"저 할머니는 이렇게 따뜻한 날씨에 두터운 외투를 입고 목도리를 두르고 있다. 아마도 병이 막 나아서 몸이 완전히 회복되지 않으신 것 같구나! 할머니의 표정을 잘 살펴보았니? 차분한 눈빛으로 저쪽에 활짝 핀 꽃들을 바라보며 얼굴에 즐거운 웃음을 짓고 계시니, 진정 사랑스럽지 않니? 할머니는 솔직하고 편안한 마음으로 대자연의 변화를 만끽하시는데, 아빠는 저 모습이 참 아름다워 보이는구나."

아빠의 말에 잭은 다시 할머니를 유심히 쳐다보았다. 과연 방금 전과 완전히 다르게 보였다. 편안하고 침착한 눈빛에서는 어떤 갈망이 솟구치고 있었고 얼굴에 띤 미소는 활짝 핀 아름다운 꽃송이처럼 아름다웠다. 그때부터 잭은 '인정'의 힘이 얼마나 큰지 알게 되었다. 시선을 바꿔 세상을 바라보면 세상이 얼마나 아름다운지 발견하게 될 것이다.

아름다움은 보는 사람의 눈 속에 존재한다. 이는 "우리는 다른 사람들에게서 자신이 원하는 것을 본다"라는 니체의 관점과 일맥상통한다. 인간은 상당히 복잡한 종합체로서 좋은 감정과 나쁜 감정, 좋은 사상과 나쁜 사상 등을 복합적으로 갖추고 있다. 타인에 대한 상상은 흔히 본인의 기대를 바탕으로 한다. 그렇기 때문에 우리는 자신의 핵심 경쟁력을 중심으로 끊임없이 본인을 더 개선하고 성장시켜야 한다. 타인의 결점은 그 사람의 일이고 그 사람의 인생이다. 우리는 타인의 인생을 바꿀 수는 없지만 자신의 운명은 자신이 책임져야 한다.

우리는 먼저 세상을 바르게 보는 법을 배워야 한다. 사물과 사람을 대하는 태도를 바로잡는다면 자연스럽게 긍정적인 것들을 얻게 된다. 그리고 이것이 오래 지속되면 긍정적인 인생을 얻게 된다. 웨스트포인트의 생도들은 다른 사람의 장점을 발견하고 인정하는 것이 자신에게 긍정적인 에너지를 불어넣어주고 큰 성공을 거두게 한다는 것을 알고 있다.

사실, 다른 사람의 장점을 발견하고 인정할 줄 알면 마음이 밝아질뿐더러 마음에 충분한 영양분이 공급되어 즐겁고 편안한 기질을 갖게 된다. 무심결에 상대방의 단점을 발견하더라도 그것은 자신에게 주의를 환기시켜주는 것일 뿐이고 자기 자신을 초월하여 다른 사람과 잘 지내는 법을 배우게 하는 것이다.

사람의 마음 상태가 좋지 않은 이유는 바로 추악한 것을 너무 많이 보았기 때문이다. 그런데 사실상 그것은 본질적으로 정말 추악한 것이 아니다. 단지 그것의 가치관이 우리와 다르거나 우리가 그것의 겉모습만 보았기 때문이며 그것의 진짜 모습이 아닐 수도 있다. 상대방을 인정할 줄 알면 우리의 길이 갈수록 더 넓어지고 평탄해질 것이다.

누구나 인정받기를 원한다. 그런 만큼 누구나 다른 사람을 인정하는 법을 배워야 한다. 정상적이고 건강한 마음가짐으로 상대방의 장점을 발견하고 인정하는 것은 일종의 사랑이다. 상대방을 인정하는 것은 단순히 표면적으로 상대방을 칭찬하는 것이 아니라 마음을 활짝 열고 봄날의 풍경을 가득 품에 안는 것이다. 봄과 같은 마음을 가진 사람만이 진정한 봄날의 아름다움을 느낄 수 있다.

상대방의 체면을
지켜주라

Nietzsche

진정으로 생명을 체험하고 싶다면 반드시 생명 위에 서야 한다! 그러기 위해서는 높은 곳으로 올라가는 법과 아래를 내려다보는 법을 배워야 한다.

사람은 체면을 매우 중요하게 생각한다. 체면을 구기는 것은 사람의 자존심을 바닥에 떨어지게 하니, 그 누구도 자신에게 그런 일이 일어나기를 바라지 않는다. 인간관계에서 상대방의 체면을 지켜주거나 체면을 세워준다면 상대방의 호감은 물론 존중까지 얻게 된다.

메이지유신 시기의 사이고 다카모리가 상대방의 체면을 지켜준 의로운 행동은 미담으로 전해지고 있다.

사이고 다카모리는 메이지유신 성공의 공신 중 한 명으로, 정과 의리를 중요하게 생각하는 사람이었다. 에도의 막부 수

비군이 투항했을 때 그는 상대방의 존엄을 지켜주기 위해 자신의 군사들에게 무기를 내려놓게 하고 패배한 상대 군사들에게는 칼을 차게 허락했다. 그의 이 명령은 전례 없는 입성의 광경을 연출했고 '에도 무혈입성'이라는 전설 같은 이야기를 만들어냈다.

무스타파 케말 사령관도 터키의 독립전쟁을 이끄는 과정에서 실패자에 대한 존중과 관용을 보여주었다. 1922년 터키인들은 케말의 통솔 아래 그리스의 통치에 맞서 싸우기로 했다. 잔혹한 전쟁을 거쳐 터키인들은 마침내 승리를 거두었고 그리스의 두 장군이 투항하러 왔을 때 케말은 단 한 치의 오만도 보이지 않았다. 실패한 두 장군의 체면을 지켜주기 위해서 케말은 "전투는 일종의 경기일 뿐이고 가장 훌륭한 선수도 실패할 수 있다"라고 말했다.

상대방의 체면을 지켜주는 것은 본인의 교양을 보여줄 뿐만 아니라 상대방의 자존심을 구제해주고 상대방이 자존심에 치명상을 입고 무너지지 않도록 할 수 있다. 니체는 말했다.

"다른 사람의 자존심을 짓밟는 것은 잘못된 일이다. 우리는 그 어떤 일을 통해서라도 상대방의 자존심을 짓밟을 권리가 없다. 사실, 중요한 것은 '내가 상대를 어떻게 평가하는가?'가 아니라 '본인이 자신을 어떻게 생각하는가?'이다."

인간의 행위법칙 중 가장 중요한 것이 하나 있는데 바로 '상대방을 존중하고 상대방이 본인이 원하는 자존심을 얻게 하는 것'이다. 존 듀이도 같은 관점을 주장하며 "자존심은 인간의 타고난 본능 중에서 가장 강렬한 충동과 욕망이다"라고 말했다. 니체는 "인간의 본성 중에서 가장 심층적인 욕망이 바로 상대방의 존중을 얻는 것이다"라고 말했다. 만약에 상대방의 이 같은 욕구를 충족시켜준다면 자신이 원하는 모든 걸 얻을 수 있을 것이다.

다른 사람의 체면을 지켜주는 것은 얼마나 중요한가? 그런데 많은 이가 단지 자신의 입장에서 자기 체면을 최우선으로 생각한다. 자신의 체면과 다른 사람의 생명을 지키는 것 중에서 그들은 한 치의 망설임 없이 전자를 선택한다. 그렇게 하면 상대방을 난처하게 할 뿐만 아니라 자신에게 적을 만들 뿐이다.

앞서 언급한 위인들을 따라 배워야 한다! 그들은 승리자의 위치에 있으며 자신에게 패배당한 장수들을 모욕할 수 있는데도 상대방의 체면을 지켜줬다. 그들의 이런 위대한 인격은 세상 사람들의 존경을 받아 마땅하다.

▾

니체,
1882

왼쪽부터
루 잘로메,
폴 레,
니체,
1882

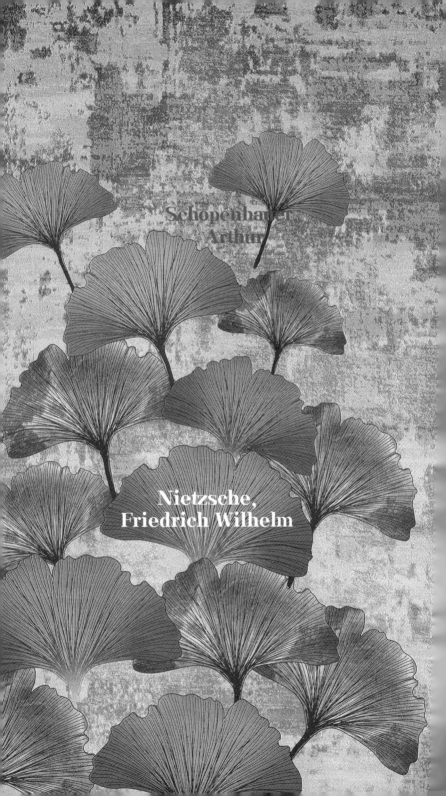

Schopenhauer,
Arthur

Nietzsche,
Friedrich Wilhelm

Chapter 6

니체가 말하는 품격이란;
인성의 빛을 발산하라

니체는 신이 없는 세상에서 인간이 전례 없는 기회를 얻었기 때문에 반드시 인간의 의지를 중심으로 하는 새로운 가치관을 세워야 한다고 생각했다. 그러기 위해서는 신의 마지막 가리개인 전통적 윤리 가치부터 청산해야 한다고 믿었다. 니체는 인성 중에서도 윤리도덕의 구축을 매우 중요하게 생각했다. 그는 말했다.

"성공한 사람들은 완벽한 품격을 갖추었으며 인격적 매력이 있는 사람이 더욱 쉽게 사람들에게 받아들여진다. 사람은 교육 수준의 고하와 사회 경험의 풍부 여부를 막론하고 반드시 자신의 성격을 좀 더 완벽하게 가꾸는 법을 알아야만 성공을 이룰 수 있다."

생명은
끊임없는 자기 초월이다

Nietzsche

생명은 스스로 나에게 이런 비밀을 말했다. 나는 반드시 늘 나 자신을 초월해야 한다.

니체의 《차라투스트라는 이렇게 말했다》에는 '자기 초월'이라는 문구가 있다. 바로 이 문구에서 니체는 생명의 강력한 의지 본질에 대해 설명했다. 생명의 본질은 바로 강력한 의지이기 때문에 생명은 더욱 강한 생명을 실현하기 위해 끊임없이 자기 자신을 초월해야 한다. 가치는 강력한 힘의 산물로서 불멸과 영원한 선악은 존재하지 않는다.

"그들의 본성에 따라 선과 악은 반드시 늘 자신을 초월해야 한다."

니체는, 모든 사람은 다 자신의 가치 평가 속에 있어야 하고

'비교적 강한 힘이 생겨나는 새로운 자기 초월은 알껍데기를 깨고 나오는 것'이라고 믿었다.

니체는 개체 생명의 자기 초월이 필요하고 또 가능한 이유는 인간 자체가 단지 하나의 '실험'이고 '교량(다리)'이며 인간의 본성이 '아직 미정형'이기 때문이라고 생각했다.

니체는 사람들에게 여러 관점을 말한 적이 있다. 예를 들면 인간은 '가장 잔혹한 동물', '가장 용감한 동물', '판단하는 동물', '병에 걸린 동물' 등등이다. 그중에서 본질적 의의가 있는 것은, 바로 '아직 미정형의 동물'이다. 인간은 아직 미정형의 동물이기 때문에 한결같이 변하지 않는 기정적 본질이 없다. 그래서 스스로를 변화시키고 조각하고 초월하고 창조할 수 있다.

니체는 인간의 이런 특성에 대해 많은 논술을 했다. 그는 '우리 인간은 유일한 창조물이다. 잘못이 있을 때 마치 틀리게 쓴 문장 한 구절을 지워버리듯이 스스로를 지워버리거나 고칠 수 있다'라고 했다. 또한 '인간은 자신의 힘이 클 수도 작을 수도 있으며 자신의 능력이 좋은 환경에서는 더욱 크게 발전할 수 있다는 것을 알아야 한다', '인간은 정원사처럼 자신의 감정과 성욕을 다스릴 수 있지만 그것이 우리의 자유의지대로 된다는 것을 아는 사람이 얼마나 될까? 대부분은 자신을 이미 완성된 기정사실로 알고 있는 것은 아닌가?'라고 했다.

인간은 무엇인가? 니체가 말한 '아직 미정형의 동물'이라는 것은 사르트르의 "인간의 존재는 본질에 앞선다"라는 말과 유사한 부분이 있다. 니체를 존재주의의 선구자라고 말하는 것도 바로 이 때문이다. 아직 정형화되지 않았다는 것, 이는 인간이 기타 동물과 구별되고 나아가 기타 동물을 이길 수 있었던 이유다. 기타 동물은 종의 분류에서 이미 고정되어 더 이상 발전의 자유가 없다. 하지만 인간은 다르다. 인간은 한결같이 변하지 않는 기정적 본질이 없기 때문에 스스로를 변화시키고 조각하고 자신의 본질을 창조할 수 있다.

인간의 미정형성과 의미를 추구하는 집요성은 곧 인간이 위대한 이유다. 어떻게 보면 인간은 '고통스러운 창조물'이다. 다양한 가능성을 탐색할 때 어쩔 수 없이 '모순의 평가가 가득하고 따라서 모순의 동기가 가득'하기 때문이다. 그러나 고통스럽더라도 인간이 이로 말미암아 더욱 위대해 보이기 때문에 결국 그만한 가치가 있다.

'고통스러운 창조'이기 때문에 니체는 인간을 또 '자기 자신의 실험물'이라고 비유했다. 모든 실험은 성패를 불문하고 모두 자신의 피와 살이 되고 인성의 구성 부분이 된다. 평가와 의미를 추구하는 것은 매우 대단한 행위이며 한 가지 가능성을 선택하는 것은 동시에 다른 가능성을 배제함을 의미한다. 이는 마치 미국의 시인 로버트 프로스트의 시 '가지 않은 길'과 같다.

노랗게 물든 숲속의 두 갈래 길,

몸 하나로 두 길을 갈 수 없어

그중 한쪽 길을 택하고

다른 한쪽 길은 나중에 가리라 생각했네.

하지만 길은 또 다른 길로 이어지는 법,

일단 선택하면 다시 돌아오지 못하고

그렇게 평생의 길이 결정된다는 것을 나는 알고 있었다네.

사실, 인생의 길은 두 갈래보다 훨씬 많고 인간은 끊임없이 선택을 해야 한다. 인간은 영원히 '미정형'이어야 하고 인간의 자기 창조적 행위는 동시에 재창조의 자유를 창조한다.

인간은 자신의 생명에 의의를 제공해야 하고 이 의의는 생명 자체의 의의를 초월해야 한다. 인간의 자기 창조에는 목표가 필요하고 이 목표는 인간 자체보다 높아야 한다. 이것이 바로 인간의 자기 초월이다.

미덕은
마음의 보약이다

Nietzsche

미덕을 수행의 필수 과목으로 생각하고 실천하는 사람은 당당히 세상을 누빌 수 있다.

미덕은 좋은 차나 맛있는 술과 같으며 그윽한 향기를 뿜어 내는 아름다운 꽃과도 같다. 미덕은 마음을 고통에서 벗어나 게 하며 마음속에 미덕이 가득할 때 모든 고민과 분쟁 등이 생 존의 공간을 잃고 욕망은 시든다. 기쁨은 미덕이 맺어낸 풍성 한 과실이고 미덕을 갖는 사람은 기쁨을 맛본다. 만약 나쁜 품 성을 고치고 싶다면 유일한 방법은 바로 미덕이 그것의 자리 를 차지하게 하는 것이다.

한 철학자가 제자들을 데리고 세계 여행을 떠났다. 10년 동안 수많은 국가를 돌아다니며 학문이 깊은 사람들을 방문하고 고향으로 돌아온 그들은 모두 박식한 학자가 되어 있었다. 시가지에 들어오기 전에 철학자는 교외의 풀밭에서 잠시 쉬면서 제자들에게 말했다.

"자네들은 십 년 동안 세상을 돌며 보고 배워서 이제는 모두 박식해졌네. 이제 마지막 수업을 하겠네!"

제자들은 철학자의 주위에 둘러앉았다. 철학자가 물었다.

"우리는 지금 어디에 앉아 있는가?"

제자들이 대답했다.

"넓은 벌판에 앉아 있습니다."

철학자가 또 물었다.

"벌판에는 무엇이 자라고 있는가?"

제자들이 대답했다.

"잡초가 가득 자라고 있습니다."

철학자가 말했다.

"그렇다. 벌판에는 잡초가 가득 자라고 있다. 이제 나는 이 잡초들을 없애는 방법을 알고 싶다."

제자들은 놀라서 입을 다물지 못했다. 인생의 깊은 이치를 탐구하는 철학자가 마지막 수업에 이렇게 간단한 질문을 하리라고는 상상도 하지 못했던 것이다. 한 제자가 입을 열었다.

"스승님, 삽 한 자루만 있으면 됩니다."

철학자는 고개를 끄덕였다. 또 다른 제자가 대답했다.

"불태워버리는 것도 좋은 방법일 듯합니다."

철학자는 미소를 지으며 다음 제자를 쳐다보았다. 세 번째 제자가 대답했다.

"석회를 뿌리면 잡초를 깨끗이 없애버릴 수 있습니다."

네 번째 제자가 대답했다.

"뿌리를 뽑아버리면 더 이상 잡초가 자라지 않습니다."

제자들의 답을 모두 듣고 난 철학자는 자리에서 일어서서 말했다.

"오늘 수업은 여기까지네. 모두들 집으로 돌아가서 각자 말한 방법으로 잡초를 없앤 후 일 년 뒤에 여기서 만나세."

1년 뒤에 제자들이 다시 찾아왔다. 그런데 그곳은 무성했던 잡초 대신 탐스러운 곡식이 가득 자란 논밭으로 변해 있었다.

중국 북송의 시인 소동파는 말했다.

"나는 위로는 하늘의 옥상황제와 자리를 함께할 수 있고 아래로는 길가의 누추한 거지와 어울릴 수 있다. 눈앞에 보이는 세상에 좋은 사람이 아닌 이는 아무도 없다!"

미덕은 마음을 건강하게 하는 치료제로서 사람들로 하여금 평정심과 사랑하는 마음을 갖게 한다. 미덕이 있는 사람은 부와 명예를 얻기 위해 분쟁을 일으키지 않고 작은 이익 때문에 번뇌하지 않는다. 니체는 말했다.

"미덕은 자체로 이미 보상이며 사람들에게 가장 고상하고 진실한 기쁨을 가져다준다. 미덕이라는 숫돌에 사랑하는 마음의 칼날은 더욱 날카롭게 갈린다."

효율과 이익을 추구하는 현대사회에서 마음속에 미덕을 위한 자리를 남겨주어 미덕이 우리의 마음속 쓰레기를 치우도록 해야 한다. 물질적으로는 풍요로워졌는데 마음은 오히려 궁핍해지는 일은 없어야 한다.

우리는 남을 돕는 것을 기쁘게 생각하고, 재물을 주워도 탐내지 않고 주인에게 돌려주며, 생활이 궁핍해도 편안한 마음으로 즐겁게 살아가는 등 많은 전통적 미덕을 갖고 있다. 남을 돕는 것을 기쁘게 생각하는 사람은 남을 도움으로써 자기 자신도 기쁨을 얻는다. 어려움에 처한 사람을 힘 닿는 만큼 도와주고 이로써 상대방의 얼굴에 웃음꽃이 피어나는 것을 보면 자신의 마음에도 기쁨이 가득 차오른다. 재물을 주워도 탐내지 않고 주인에게 돌려주는 사람도 즐겁다. 주운 물건을 주인에게 돌려주지 않고 자신이 차지해버리면 온종일 마음이 불안하고 남한테 들킬까 봐 걱정된다. 그리고 이런 사사로운 욕망은 아주 오랜 시간 내지는 평생 마음의 불안을 대가로 치러야 한다. 반대로 주운 물건을 탐내지 않고 주인에게 돌려준다면 모두가 즐거운 결과를 얻는다. 요컨대 미덕이 있는 사람에게는 고민이 접근하지 못하고 즐거움이 계속 함께한다.

▼

정신을
풍요롭게 하라

Nietzsche

사람은 정신적으로도 부자가 될 수 있다. 비록 물질적으로 부자는 아니어도 성실하고 정직하며 예의 바르고 우아하며 자존 자애하고 자립 자강할 수 있는 것이야말로 진정한 신사의 품격이다. 이런 사람이야말로 진정한 부자다.

정신적으로 부유한 빈자가 정신적으로 궁핍한 부자보다 낫다. 니체의 말을 빌리자면, 전자는 가진 것이 아무것도 없지만 모든 것을 가졌고, 후자는 모든 것을 가졌지만 사실은 아무것도 가진 것이 없다. 전자는 마음속에 희망이 가득 차 두려울 것이 없고, 후자는 아무런 희망도 없어 괜한 걱정만 한다.

정신적으로 가난한 사람이 진짜로 가난한 사람이다. 모든 것을 잃은 사람일지라도 용기와 기쁨과 희망과 미덕, 그리고 자존심만 있다면 여전히 부자다. 이런 사람은 세상이 그를 민고 본인의 정신이 본인의 모든 것을 통제하기 때문에 가슴을 펴고 고개를 들어 세상을 살 수 있으며 진정한 신사다.

아주 오래됐지만 굉장히 의미 있는 이야기가 있다. 어느 날 아디제강이 갑자기 범람하여 강변 지역이 모두 물에 잠기고 베로나의 다리도 거센 물살에 무너져 다리 중앙의 아치만 남았다. 아치 위에는 집이 한 채 있고 집 안에서는 가족들이 창밖을 향해 살려달라 외치고 있었으며 집이 곧 무너지기 일보직전이었다. 강 언덕에서 이 상황을 지켜보던 백작은 주위 사람들에게 말했다.

"위험을 무릅쓰고 가서 저 불쌍한 사람들을 구해줄 사람에게 백 프랑을 주겠다."

그때 한 젊은 농민이 사람들 사이에서 앞으로 나오더니 쪽배를 강에 띄워 아치 쪽으로 갔다. 그는 간신히 그 가족을 배에 태우고 힘차게 노를 저어 강가로 안전하게 구출했다.

"용감한 젊은이, 이제 이 돈은 자네 것이네."

백작이 말했다. 하지만 젊은이는 거절했다.

"아닙니다. 저는 제 목숨을 팔지 않습니다. 이 돈을 저 불쌍한 가족에게 주십시오. 그들에게 더 필요할 겁니다."

이것이 바로 진정한 기사도 정신이다. 비록 젊은이는 가난한 농민에 불과했지만 정신적으로 매우 부유했다. 얼마 후 그는 곧 물질적으로도 부자가 되었다.

▼

성품이 훌륭한 사람은 타인이 보는 앞에서든 아무도 없는 곳에서든 언제나 한결같다.

어떤 이가 남자아이에게 보는 사람이 아무도 없으니 탁자 위에 있는 배를 하나 몰래 챙기지 그러냐고 물었다. 훌륭한 교육을 받은 아이는 대답했다.

"보는 사람이 있습니다. 제가 저를 보고 있지 않습니까? 저는 불성실한 일을 해도 된다는 생각을 한 번도 해본 적이 없습니다."

니체는 말했다.

"신독(愼獨, 자기 혼자 있을 때에도 도리에 어긋나는 일을 하지 않는다)과 양심은 인간의 중요한 성품이며 고상한 인격의 구체적 표현이기도 하다."

그는 신독과 양심이 생활에 적극적인 영향을 미친다고 생각했다. 이런 구속은 시시때때로 인간의 성품을 조각하고 그 역할을 발휘한다. 이런 영향이 없으면 성품은 자기 보호를 하지 않고 유혹 앞에서 쉽게 손을 들고 만다. 그리고 모든 유혹은 사람이 비열하거나 불성실한 행동을 하게 할 수 있다. 아주 사소한 일이라도 자아를 타락하게 할 수 있다. 문제의 관건은 행동의 성공 여부와 발각 여부가 아니라, 자신이 더 이상 예전의 자신이 아니고 다른 사람이 된다는 것이다. 어떤 이는 늘 불안에 떨고 자책하며 양심의 가책을 느끼는데 이것이 바로 양심에 꺼리는 나쁜 짓을 한 사람들의 피할 수 없는 운명이다.

우리는 훌륭한 성품을 인생 최고의 목표 중 하나로 생각해야 한다. 이 목표가 있으면 노력하는 동기가 생긴다. 한 사람의 성품이 조금씩 완성되어갈 때 그 성품은 다시 돌아와서 끊임없이 정진하는 원동력을 가져다준다. 우리는 실현할 수 없을지라도 비교적 높은 목표를 세워야 한다. 니체는 말했다.

"위를 바라보지 않는 젊은이는 아래를 내려다보게 되고, 하늘을 훨훨 날지 않는 영혼은 반드시 땅바닥에 엎드리게 된다."

성품도 위조품이 있지만 진짜는 언제나 진짜이며 가짜는 그 자리를 차지할 수 없다. 사람들은 돈의 가치를 알기 때문에 위조화폐를 만들어 경각심이 높지 않은 사람들에게 사기를 친다. 니체는 성실하고 정직하기로 유명한 사람한테 이런 말을 한 적이 있다.

"천 파운드를 주고 당신의 좋은 평판을 사고 싶습니다."

"왜죠?"

"그것으로 만 파운드를 벌 수 있기 때문입니다."

정신적 부유함이 엄청난 힘을 가져다주고 그 힘은 사람을 가장 부유하게 만들어줄 수 있음을 보여주는 말이다.

지금부터 어깨를 펴고 고개를 들고 정신적으로 부유한 사람이 되기 위해 노력하라!

성품은
인생의 왕관과 명예다

Nietzsche

사람은 지식이 없고 능력이 평범하며 가진 것 하나 없이 가난해도 고상한 성품만 있다면 어느 나라 어느 지역에서 태어나더라도 일정한 영향력을 발휘할 수 있다.

니체는《인간적인 너무 인간적인》에서 이렇게 말했다.

'나에게 길은 반드시 성품을 통해 권력을 얻는 길밖에 없다. 다른 길은 선택하지 않을 것이다. 나는 이 길이 옳으며 비록 가장 빠른 길은 아니지만 가장 확실한 길이라고 믿어 의심치 않는다.'

니체의 말은 '성공한 사람들은 천재에게 도움을 청하지만 고상한 자의 길을 따른다'라는 진리를 말해준다.

HP의 전직 이사회 회장 겸 최고경영자인 칼리 피오리나는 이런 말을 한 적이 있다.

"위대한 리더, 위대한 회사, 위대한 조직은 그들의 능력이 아니라 개성 때문에 위대하다."

월터 기포드는 말단 회계 직원에서 차츰차츰 승진하여 미국 이동통신사 AT&T의 사장이 되었다. 그는 늘 사람들에게 '인격'이 사업 성공의 가장 중요한 요소 중 하나라고 말했다.

"'인격'이 무엇이라고 말로 정확하게 표현할 수는 없지만 한 사람에게 건전한 특성이 없으면 좋은 인격이 없다고 말할 수 있다. 인격이 모든 사업에서 지극히 중요하다는 것은 의심의 여지가 없다."

스스로를 보완하고 성장시키려면 사회와 타인의 인정 및 신뢰를 얻어야 한다. 그래야만 기회와 도전, 혁신이 주어졌을 때 흐름을 따라 진일보하거나 어려움에 맞서 문제를 해결함으로써 완벽한 도약을 이룰 수 있다. 고상한 인격이 없으면 행복한 인생도 없고 숭고한 사업도 없다. 인격의 매력은 사람이 거침없는 성공 가도를 달리도록 하는 데 있다. 일단 매력적인 인격을 지닌 후 무형 중에 자신만의 경쟁 우위를 갖게 되는데 이것을 우리는 '인격매력자본'이라고 한다. 웨스트포인트에서는 생도들의 정직한 성격을 육성하는 것을 매우 중요하게 생각한다.

어렵게 올바른 일을 지킬지언정 쉽게 잘못을 감싸지 않는다. 아무리 힘들더라도 한 번 뱉은 말은 반드시 지켜야 한다.

다른 사람에게 자신이 무엇을 하겠다고 말했다면 반드시 약속을 지켜야 한다. 이것만 할 수 있다면 인생의 레이스에서 이미 저만큼 앞서게 된다.

성공 인사들에게는 자신만의 독특한 인격적 매력이 있다는 연구 결과가 있다. 평범한 사람이 평범한 이유는 바로 이 점을 인식하지 못하고 있기 때문이다. 그들은 고상한 절개의 거대한 힘을 알지 못한다. 그들의 시선이 부와 사회적 지위, 학식 등을 좇고 있을 때 전자가 금전을 비롯한 물건들보다 훨씬 더 중요하는 것을 전혀 인식하지 못한다.

예를 들면 개인이 갖고 있는 관대함, 대범함, 교양 등은 모두 사회라는 밀림에서 생존할 수 있는 자본이다. 이런 눈에 보이지 않는 자본은 부를 창조하는 토대이며 인맥과 지위 등 요소를 결정짓는 결정적인 힘이기도 하다. 매력적인 인격을 지닌 사람은 자신도 모르는 사이에 경쟁 우위를 획득하고 많은 이에게 깊은 인상을 남겨주기 때문에 협력의 기회를 얻을 가능성도 더 높아진다.

성공한 사람은 일반인보다 훨씬 의지가 강할 뿐만 아니라 자신의 의지력을 전류처럼 팔로우들에게 전도하여 조직 전체가 똑같은 완강한 의지력을 갖게 할 수 있다. 인격 이미지는 바로 정신과 내적 수양을 통해 얻어지는 무형의 인격적인 힘과 감화력이다. 인격 이미지는 인간의 내적 정신, 특성의 느낌과 표현이다. 고상한 인격이 없는 사람은 좋은 인격 이미지를 나타낼 수 없다.

인격은 분위기와 성격, 능력의 합이다. 건전한 인격을 지닌 사람은 부지런하고 낙관적이다. 자신감 있고 성실하고 착하다. 용감하고 의연하고 정직하다. 적응력과 대인관계가 좋고 감정 통제력이 뛰어나다. 청소년들은 학교에서 배우는 지식 외에 인격적 수련을 더욱 중시해야 한다. 남들이 자신을 인정하게 하면 친숙한 사람과의 왕래도 낯선 사람과의 교제도 물 흐르듯 자연스럽게 이루어진다.

생명의 개선가를
끊임없이 울려라

Nietzsche

생명은 물살이 급한 샘물과도 같다. 개울의 흐름은 평탄하지도 곧지도 않지만 물길의 흐름은 즐겁게 그 어떤 영향도 받지 않고 졸졸졸 소리 내며 원하는 곳으로 흘러간다. 인간의 생명은 의미 있는 삶이어야 한다. 마치 샘물처럼 스스로를 가두지 않고 그 어떤 난관도 두려워하지 않으며 큰 소리로 행동의 개선가를 부르며 영원히 앞으로 나아가야 한다.

니체는 《차라투스트라는 이렇게 말했다》에서 생명을 샘물에 비유하며 '샘물은 끊임없이 솟구쳐 오르고 끊임없이 흐르며 즐겁게 개울로 흘러가서 먼 곳으로 달려간다'고 했다. 인간의 생명은 샘물과 많이 닮았다. 의미 있는 생명으로서 끊임없이 일하고 희생하고 생명의 개선가를 울린다. 생명은 활력의 숨결을 가졌다. 인간은 살아 있는 동안 낡은 공기를 내뱉고 신선한 공기를 들이마시며 끊임없이 산소를 들이마시고 이산화 탄소를 배출한다. 그와 더불어 먹고 마심으로써 충분한 영양 소를 흡수하여 생명을 유지하고 신체 속 노폐물을 배출한다.

이러한 신진대사는 합성대사와 분해대사로 나뉜다. 생존 환경에서 섭취한 영양분을 신체의 일부분으로 전환시키는 것 을 합성대사라고 하는데, 이는 동화 과정이다. 또한 신체의 물 질을 산화시켜 물과 이산화탄소 등 간단한 물질로 분해하여 에너지를 방출하고 생리 활동을 유지하는 것을 분해대사라고 하는데, 이는 이화 과정이다. 인간의 생명은 이렇게 끊임없이 낡은 것을 버리고 새것을 생성하는 과정을 반복함으로써 유 지된다.

만약에 사람이 정상적인 대사 과정을 유지하지 못한다면 생명의 운동 과정은 균형을 잃게 된다. 이 같은 불균형이 장기 간 지속되거나 심각해지면 생명은 위협을 받는다. 제때에 효 과적인 조절이 이루어지지 않으면 생명이 위태로워지거나 죽 음에 이른다. 사람이 생명의 활력을 유지하며 항상 새로움을 느끼기 위해서는 마치 즐거운 샘물처럼 끊임없이 새로운 것 을 생성하고 낡은 것을 쫓아내야 한다.

니체는 샘물로 생명의 활력을 묘사했다. 맑고 투명한 샘물 이 졸졸졸 흘러 개울을 따라 흘러가 버리고 또 새로운 샘물이 샘구멍에서 솟아나와 즐거운 악장을 연주한다. 이렇게 쉼 없 이 흘러 사시사철 늘 새로운 모습으로 변하고 역동감과 활력이 가득하다. 인생의 아름답고 화려한 음악을 연주하기 위해서는 사상과 관념이 과학 발전의 발걸음과 시대 흐름에 따라 끊임없이 새롭게 바뀌어야 한다. 그래야 사상의 활력을 유지할 수 있고 젊음의 기운으로 충만할 수 있다.

새로운 역사적 환경 아래에서 개혁은 이미 숨가쁠 정도로 빠르게 이루어지고 있다. 만약 낡은 관념을 고집한다면 새로운 사물을 이해할 수 없고 새로운 정세를 따라가지 못하며 시대적 감각을 발산하지 못한다. 결국 인생이 경직되어 활력을 잃고 만다.

우리의 시대적 감각에 영향을 주는 새로운 관념은 20세기 초부터 시작되었다고 할 수 있다. 마치 질풍노도 시기에 천둥이 치듯 낡은 사상과 윤리도덕에 대한 대대적인 소탕이 이루어졌고 사람들의 사상이 큰 해방을 얻었다. 과학과 민주의 사상은 그때부터 세상에서 끊임없이 생장과 번식을 거듭하고 있다.

오늘날 세상에는 거대한 변화가 일어나고 있다. 새로운 지식과 사물이 끊임없이 나타나고 있는 요즘이다. 여전히 낡은 것을 움켜쥔 채 스스로 변화하지 않고 노력하지 않으면 그야말로 산송장이 될 것이다.

어떤 사람들은 늘 현상에 안주하고 맹목적인 자만에 빠져 산다. 배움을 하찮게 여기며 책이나 신문 등을 쳐다보지도 않고 변화를 추구하지 않는다. 그들은 자신을 태어날 때부터 모

▼

든 것을 다 할 수 있는 전능한 인재이자 100퍼센트 완벽한 인간이라고 생각한다. 사실, 그들은 가장 무지몽매하고 천박하다. 원래 '물이 깊으면 소리가 없다'고 했다. 이에 니체는 자신의 몸에서 곧 죽어 사라질 것들을 버리고 새로운 생명의 활력을 증진시켜야 한다고 강조했다. 노예근성의 윤리도덕과 그로 말미암아 생성되는 무감각, 자만, 부패, 퇴폐 등등의 병폐를 지양해야 한다고 말했다. 그는 "아직 건설해야 할 집들이 많으니, 모든 낡은 것을 파멸시켜라"라고 생동감 있게 표현했다.

어떻게 하면 자신의 몸에서 곧 죽어 사라질 것들을 끊임없이 버릴 수 있을까? 이 지점에서 증자의 '오일삼성오신(吾日三省吾身)', 즉 '나는 하루 세 번 나를 성찰한다'는 말이 딱 어울린다. 바로 자아수양(自我修養)을 강화하는 것이다. 자신을 철저하게 분석하고 용감하게 부정하며 니체가 제창하는 사자의 용맹한 전투 정신으로 자신을 정화해야 한다. 부끄러워하지 말고 아픔을 두려워하지 말며 참으면서 양보하지 말고 뒤로 물러서지도 말아야 한다. 이런 자아 투쟁을 겪고 나면 반드시 사상을 옥죄는 쇠사슬을 벗어던지고 자기계발의 목적을 달성할 수 있다.

정직의 원칙을
고수하라

Nietzsche

자신이 확고하게 믿는 원칙과 주장에 대해서는 망설임 없이 언어와 행동으로

명확하게 표현해야 하며 자신의 신조와 의향 또는 의지를 숨김없이 확실하게

말해야 한다. 비열하고 나약하며, 아첨하고 남을 흉내 낼 줄밖에 모르며, 애매

한 태도로 일관하고 자신에게 확신이 없는 사람은 이렇게 하지 못한다. 우리

는 반드시 그들과 달라야 한다.

니체는 원칙을 믿는 사람이다. 한번 정한 일은 확실히 추진
하며 중간에 입장을 바꾸지도 않는다. 니체는《지식과 논리의
기원》에서 이렇게 말했다.

'사람들은 진리와 함께 생활하는 것을 원하지 않는 듯하며,
우리의 신체 조직은 바로 진리와 대립을 이루기 위해 설정된
듯하다.'

▾

그는 이 말로써 옛것을 지나치게 옹호하고 낡은 윤리도덕으로 새로운 사유와 사물을 억압하는 당시의 현상을 지적하며 자기 원칙을 드러냈다.

성실함과 정직함, 자비로움 등의 성품은 사람에게 사활이 걸린 문제는 아니지만 고상한 품격을 가진 사람으로서 반드시 지켜야 할 원칙이다. 이런 성품을 가진 사람들은 일단 확고한 목표와 하나가 되면 평범하지 않은 일을 해낼 수 있다.

정직함은 전통적 미덕이다. 어쩌면 이것이 이미 시대에 뒤떨어진 것이라고 여기는 이도 있겠지만 이런 전통적인 미덕이 지금까지 전해져 내려올 수 있었던 것은 바로 그만큼 생명력이 강하다는 것을 시간이 증명해준 셈이다. 정직함은 청렴함과 서로 통하며 정직한 미명은 초지일관 진리를 고수하고 신앙에 충실한 것과 긴밀하게 연결되어 삶이라는 빌딩을 올리는 데 튼튼한 기초가 되어준다.

정직함은 언제 어디서 누구와 있든지, 자신에게 충실하고 말과 행동이 일치하며 자신의 신앙과 가치관을 꿋꿋이 지키는 것이다. 정직하지 않으면 결국 모든 것을 잃게 될 것이다. 왜냐하면 정직하지 않으면 사람들은 당신을 신뢰하지 않고 함께 일하거나 왕래하기 싫어할 것이기 때문이다. 그런 사람이 많아지면 당신의 사업은 점차 어려워지고 결국은 실패의 결말을 피할 수 없을 것이다.

마틴 루서 킹 목사는 사형 선고를 받았을 때 자신의 정적에게 말했다.

"양심을 위배하는 일은 그것이 무엇이든 안전하고 타당하지도 않고, 신중하고 현명하지도 못하다. 나는 나의 입장을 견지하고 신에게 도움을 받을 것이며 그 어떤 다른 선택도 해서는 안 된다."

제2차 세계대전 때였다. 미국의 한 소대가 적에게 포위당했고, 미군의 한 육군대령과 운전병이 길을 잘못 가서 완전무장한 독일군과 마주쳤다. 두 사람은 황급히 차에서 내려 몸을 숨겼다. 운전병은 길가 관목 숲에 숨었고 대령은 길옆 물구덩이 안에 숨었다. 독일군은 운전병의 자취를 발견하고 그가 숨은 방향을 향해 총격을 가했다. 대령은 적에게 발견되지 않았음에도 자신의 부하가 희생당하는 것을 보고만 있을 수가 없어서 권총을 꺼내 적의 기관총과 맞서 싸웠다. 결국 대령은 목숨을 잃었고 운전병은 독일군의 포로가 되어 투옥되었다. 훗날 구출된 운전병은 사람들에게 이 이야기를 했다.

대령은 왜 그런 선택을 했을까? 자신의 안전에 대한 관심보다 책임감이 더 컸기 때문이다. 그래서 누가 강요하지 않았지만 자신을 희생하여 남을 구한 것이다.

이것은 결코 쉬운 일이 아니다. 정직하고 올곧은 사람이 대견하고 가상하며 존경스러운 이유이기도 하다. 근본적으로 정직함은 그 무엇과도 비교할 수 없는 위대함이 있으며 이를 위해 노력할 만한 가치가 충분하다.

정직함은 사람으로 하여금 모험을 시작할 용기와 힘을 갖게 한다. 정직한 사람은 삶의 도전을 즐기고, 구차하게 연명하거나 두려움에 몸을 움츠리지 않는다. 정직한 사람에게는 자기 확신이 있다. 스스로를 믿지 않을 이유가 없기 때문이다.

정직함은 한결같이 자신이 원하는 목표를 추구하며 노력을 포기하지 않는 완강한 정신으로 표현된다.

링컨은 상원의원 선거 연설을 앞두고 친구로부터 그 연설을 하면 낙선될 수 있으니 하지 말라는 충고를 들었다. 그러나 링컨은 이렇게 대답했다.

"만약 이번 연설로 낙선하는 것이 나의 운명이라면 나는 기꺼이 진리와 함께 낙선할 것이네!"

그는 태연했다. 연설 후 그는 예상대로 낙선했다. 하지만 2년 후 그는 미국의 제16대 대통령이 되었다.

어떻게 하면 정직한 사람이 될 수 있을까? 정해진 답은 없다. 존경받는 의인, 위인 들은 모두 우리의 좋은 본보기이다. 사람들이 진심으로 정직을 추구하고 그것을 발견하기 시작할 때 정직함 자체가 갖는 힘은 사람을 탄복하게 하고 거침없이 앞을 향해 달리게 한다. 그리고 마침내 세상의 가치 있는 일들은 다 그 자체로의 위배할 수 없는 정직함이 내포되어 있음을 알게 될 것이다.

▼

정직한 사람은 겉과 속이 다르지 않고 말과 행동이 다르지 않으며 자신의 원칙을 어기지 않는다. 내면의 갈등이 없기 때문에 유난히 왕성한 체력과 명석한 두뇌를 갖추어 필연적으로 성공을 이룬다. 정직함으로 또 우정과 신뢰, 탄복과 존중을 가져다주기도 한다. 인간에게 희망이 가득한 이유 중 하나가 바로 인간은 정직함에 대해 본능에 가까운 인지 능력을 갖고 있고, 또 그것에 거부할 수 없는 매력을 느낀다는 것이다.

건강한 몸과 마음이
가장 큰 자산이다

Nietzsche

건강한 몸은 깨끗한 영혼을 떠날 수 없다.

니체는 영혼의 건강을 최우선으로 생각했다. 모든 성취와 재물은 다 건강한 몸과 마음에서 시작된다. 건전한 마음과 건강한 몸은 성공의 가장 기본 요건이다. 마음이 건강하지 않으면 자신을 정확하게 평가할 수 없고 사회에 대해 적절한 반응을 할 수 없으며 대인관계를 원활하게 처리할 수 없다. 이런 사람들은 흔히 윤리도덕의 규범을 벗어나서 법을 위반하거나 타인에게 피해를 주는 행위를 저지르게 된다. 건강한 마음이 없는 사람은 언젠가는 그 대가를 치르게 된다.

1930년대 미국에 글로리아는 유명한 강도가 있었다. 왜소한 체구에 얌전한 성격, 술과 담배도 전혀 안 하는 그에게서 사람들이 상상하는 흉악한 강도 살인범의 모습은 전혀 찾아볼 수 없다. 그런데 바로 이런 사람이 당시 뉴욕시 경찰서장으로부터 '뉴욕 역사상 가장 흉악하고 악질인 범인'이라는 평을 들었다. 아무것도 아닌 아주 사소한 일에도 잔혹한 살인 충동을 느꼈기 때문이다.

1932년, 글로리는 뉴욕 거리에서 충격적일 만큼 끔찍하고 잔인한 총격 사건을 저질렀다. 두 명이 즉사하고 스무 명 정도가 총상을 입었다. 글로리는 몇 주 동안이나 도망을 다니다가 끝내 체포됐다.

그는 체포된 후 자신의 범행을 자백하는 혈서를 썼는데 거기에는 '나는 마음이 지쳤지만 줄곧 자비롭고 선량했으며 단한 번도 고의적으로 그 누구를 다치게 한 적이 없다'라는 충격적인 내용이 적혀 있었다. 경찰은 그의 '고백'에 대해 경악을 금치 못했고 법에 의거해 그에게 사형을 선고했다. 전기의자에 앉는 순간에도 그는 "이건 너무 불공평하다! 나의 살인은 순전히 나 자신을 지키기 위한 방어 행위였다! 그 사람들이 너무 나쁜 것이다!"라고 외쳤다.

글로리는 평소에 사람들과 왕래하지 않고 쉽게 화를 냈으며 질투심이 유난히 강했다. 자신이 남보다 못하다고 생각할 때마다 세상의 불공평을 탓했다. 그리고 끝내 극단적인 수단으로 마음속의 불평불만을 풀기에 이르렀다.

▼

나중에 범죄심리학자가 글로리의 범죄 동기를 분석했는데 그가 살인을 한 본질적 원인은 심리상의 결함이었다고 결론지었다. 심리학자는 다양한 각도의 분석을 통해 글로리가 열등감이 강하고 내성적이며 반사회적이고 자기중심적인 사람임을 입증했다. 그는 인격장애가 있었는데 분열형과 공격형에 속하는 인격을 갖고 있었다. 전자는 그로 하여금 사람에게 냉담하고 무관심하고 언행을 기괴하고 우스꽝스럽게 했고, 후자는 그로 하여금 성격이 불같게 하고 공격성을 갖게 했다.

니체는 《인간적인 너무나 인간적인》에서 이렇게 말했다.

'우리는 자신에게 이런 심리가 있는지 검사하고 제때에 이런 불량한 심리를 제거하여 기형적인 심리가 우리 몸을 망가뜨리지 않게 해야 한다.'

심신이 불완전한 사람은 사실 내면이 연약하다. 이런 사람들은 흔히 일이 잘못된 원인이 자기 때문이라는 사실이 알려질까 봐 두려워하고 현실과 문제를 직시하는 것도 두려워한다. 그래서 모든 일의 원인을 노력이 부족한 자신이 아닌, 남들의 잘못에서 찾는다. 하지만 사실이 그것으로 바뀔 리 만무하다. 단지 자신과 앞으로의 삶이 바뀔 뿐이다. 자신은 평생 흉터를 안고 살아가야 한다.

건강한 마음을 가진 사람은 그 어떤 도전에 부딪혀도 절대 지지 않는다.

▼

바다에서 조난 사고가 발생하여 갑과 을이 파도에 밀려 무인도에 당도했다. 나중에 사람들이 그들을 발견했을 때 을은 이미 죽어 있었다. 누군가 갑에게 물었다.

"당신은 어떻게 살아서 돌아올 수 있었습니까? 신체적으로 더 우월해서 살아남았습니까?"

갑은 두 사람이 파도에 밀려 무인도에 당도한 이후 벌어진 일을 떠올렸다. 그때의 일은 이러했다.

무인도에는 온갖 야생 과일이 자라고 있었다. 갑은 자신만만한 표정으로 을에게 말했다.

"다행이야. 구조대가 올 때까지 굶지 않아도 되겠어."

그러면서 즐겁게 여러 과일을 맛보았다. 그러나 을은 근심 때문에 달콤한 과일을 눈앞에 두고도 전혀 식욕이 없었고 자꾸만 비관적으로 말했다.

"이제 곧 겨울인데 과일이 다 떨어지면 우리는 굶어 죽고 말거야."

곧 무인도의 과일은 점점 적어지기 시작했고 을은 절망에 빠져 가족들에게 유언 편지를 써댔다. 그에 반해 갑은 작은 오두막을 만들어 겨울날 준비를 했고 음식을 비축했다.

그들은 매일 무인도를 지나가는 배들이 자신들을 발견하고 구조해주기를 간절히 바랐지만 하루가 지나고 이틀이 지나도 근방을 지나가는 배는 극히 드물었다. 간혹 화물선 한두 척이 멀리서 지나갔지만 아무리 목 터져라 외쳐도 그들을 발견하지 못했다.

어느 날 그들이 먹을 것을 구하러 갔다가 돌아오니 오두막집에 불이 나서 집은 물론 그동안 모아두었던 모든 음식까지 다 불타 버렸다. 그것을 본 순간 을은 정신적으로 완전히 무너져 기절해 버렸고 다시는 깨어나지 못했다.

갑도 실망하여 풀이 죽었지만 오히려 구조선이 불타는 검은 연기를 보고 자신을 구해주러 올지도 모르겠다는 생각이 들었다.

이튿날 아침, 기선의 소리가 갑을 깨웠다. 그것은 바로 그를 구해주러 온 구조선에서 난 소리였다.

"혹시 검은 연기 때문에 우리가 여기 있다는 것을 알게 되었나요?"

그는 구조대원에게 물었다.

"그렇습니다. 시커먼 연기가 보이기에 한시도 지체하지 않고 여기로 달려왔습니다."

구조대원들이 대답했다.

갑이 예상했던 것처럼 바로 그들을 절망에 빠뜨린 불이 그를 구하는 희망이 된 것이다.

갑은 햇빛처럼 밝은 심리 상태 덕분에 살아서 돌아올 수 있었다. 사실, 살아가면서 직면하는 많은 상황은 그 사람의 심신 상태와 관련 있을 때가 많다. 건강한 심리가 없으면 좋은 기회가 주어지더라도 헛되이 놓치고 심지어 자신을 최악의 상황으로 내몬다.

운 좋게 신을 만난 사람이 있었다. 신은 그에게 말했다.

▼

"너의 소원을 하나 들어주겠다. 다만 동시에 네 이웃은 너의 두 배를 얻게 될 것이다."

그는 기뻐서 어쩔 줄을 몰랐다. 그런데 그는 질투심이 아주 강했다.

'만약에 내가 양을 백 마리 얻게 되면 이웃은 이백 마리를 얻게 되고 내가 금을 한 자루 얻게 되면 이웃은 두 자루를 얻게 되며, 심지어 내가 절세 미인 한 명을 얻게 되면 이웃은 두 명을 얻게 된다.'

아무리 생각해도 어떤 소원을 청해야 좋을지 모르겠고 자신이 무엇을 요구해도 이웃이 자신보다 더 많이 얻는다는 생각에 기분이 영 내키지 않았다. 결국 그는 마음을 모질게 먹고 신에게 말했다.

"신이시여, 나의 한쪽 다리를 잘라주세요. 그래야만 마음이 편안해질 것 같습니다."

그는 한쪽 다리를 잃고 정말 마음이 편안해질 수 있을까? 그럴 리가! 마음의 장애에 이제는 몸의 장애까지 더해졌으니 앞으로 몸이 건강한 사람들을 보면서 질투심에 더욱 마음 편안할 날이 없을 터였다. 그는 사실 훨씬 좋은 것을 얻을 수 있었음에도 단지 질투 때문에 기회를 놓치고 말았다. 그래서 경쟁력은 능력일 수도 있고 심리 상태일 수도 있다. 지금 당장 가진 게 아무것도 없어도 건강한 몸과 마음만 있으면 그것이 가장 큰 밑천이다.

▼

에드바르트 뭉크가 그린 니체의 초상화, 1906

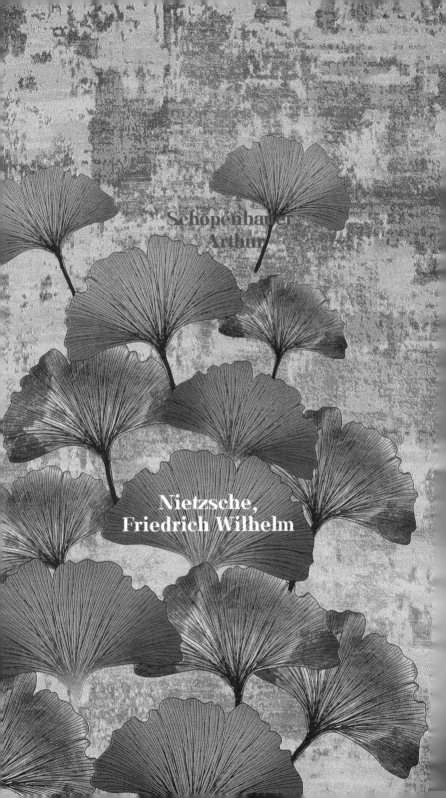

Schopenhauer
Arthur

Nietzsche,
Friedrich Wilhelm

Chapter 7

니체가 말하는 일하는 법이란;
행동으로 말하라

노동은 모든 것을 창조할 수 있고, 행동은 꿈을 현실로 만들어줄 수 있다. '사상에서는 거인, 행동에서는 난쟁이'라는 것은 현대인들이 자주 범하는 실수를 나타낸 말이다. 현대인들은 자신의 이상을 위해 노력하는 대신 우상과 유명인, 스타를 추종하면서 우상들의 사생활에 대해 토론하고 왈가왈부하는 데 많은 시간과 관심을 쏟는다. 늘 상상만 하고 행동에 옮기지 않기 때문에 기쁨보다는 실의를 맛본다. 올바른 행동을 취하는 것만이 영원한 왕도다.

아는 것보다
행동하는 것이 더 중요하다

Nietzsche

지혜가 없는 지식은 아무 쓸모가 없지만 지식과 지혜를 갖고서 행동하지 않는

것 역시 아무 쓸모가 없다.

사람들은 대개 게으르며, 세상의 모든 물건은 실제로 사용해야 제대로 역할을 할 수 있고, 과도한 준비는 행동을 무기한 연기하는 핑계가 된다. 오늘날 공상가는 넘치고, 진정한 사업가는 적다. 공상을 좋아하는 사람들은 뛰어난 학식과 경륜이 있지만 사상에서는 거인, 행동에서는 난쟁이다. 이런 사람들은 세상을 갈수록 더욱 혼란스럽게 만들 뿐 그 어떤 가치도 창조하지 못한다.

아주 유능한 어떤 교수가 수십 년 전에 큰 화제가 된 한 인물의 전기를 집필하려고 했다. 주제가 흥미롭고 희소성이 있

어서 상당히 매력적인 프로젝트였다. 이 교수는 아는 것도 많고 문장력도 뛰어나서 이번 집필로 큰 성공을 거두고 부와 명예를 한 손에 거머쥘 것을 예상했다. 그런데 1년 후 어떤 사람이 무심결에 책이 거의 다 완성되어가지 않느냐고 물었더니 세상에 글쎄, 아직 시작도 하지 않았다는 것 아닌가! 교수는 어떻게 설명하면 좋을지 잠깐 망설이더니 결국 너무 바쁘고 다른 중요한 프로젝트가 많아서 집필할 시간이 없었다고 해명했다.

현실에는 이 교수와 비슷한 사람이 아주 많다. 좋은 아이디어와 계획, 아름다운 꿈과 소망을 갖고 있지만 실제로 행동에 옮기지 못한다. 제아무리 아름답고 가치 있는 계획이라도 세상에 나와보지도 못하고 무산돼버리니 안타까울 뿐이다.

착실한 사람은 언제나 남보다 일찍 행동한다. 위대한 사업을 성취하고 싶다면 원대한 목표를 세우기 전에 먼저 차분하게 마음을 가라앉히고 성실하게 열심히, 해야 할 일을 하나씩 해나가야 한다. 성공으로 가는 길에서 한술에 배부를 생각은 하지 말아야 한다. 기초가 튼튼하지 않으면 아무리 원대한 목표라 해도 공중누각이나 다름없다. 진정 총명한 사람은 한 걸음 한 걸음 착실하게 자신의 길을 걸으며 행동으로 성공의 초석을 튼튼하게 다진다.

목표를 달성하기 위해서는 행동해야 한다는 것을 알면서도 기다리고 의지하는 심리에 질질 끌기 좋아하는 습관까지 있다면 계획대로 일을 끝내지 못해도 전혀 조급해하거나 안달하지 않는다. 오히려 여유만만하게 굴어 오늘 끝내야 할 일을 차일피일 미루곤 한다. 사실, 이런 일 처리방식은 갈수록 일을 쌓이게 만들고 내일도 일을 계획대로 끝내지 못하는 악순환을 초래한다. 이런 상황이 오랫동안 반복되면 모든 계획이 수포로 돌아가고 만다.

어떤 일을 하기로 결심했다면 당장 행동에 옮겨라. 아름다운 상상을 한다고 하늘에서 떡이 떨어지지는 않는다.

성공학의 대가인 윌리엄 클레멘트 스톤이 멕시코시티에 사는 프랭크와 클로디아 부부를 방문했다. 클로디아가 말했다.

"멕시코시티에서 가장 살기 좋은 지역에 집을 한 채 가졌으면 좋겠어요."

스톤이 물었다.

"그런데 왜 안 가졌나요?"

프랭크가 울음을 터뜨렸다.

"집을 살 돈이 없습니다."

스톤이 말했다.

"본인이 무엇을 원하는지 알고 있는데 가난한 게 무슨 상관인가요?"

프랭크는 대답을 하지 못했다.

스톤은 또 한 가지 질문을 했다.

"혹시《생각하라, 그러면 부자가 되리라》,《긍정적 사고의
힘》등과 같은 자기계발서를 읽어본 적이 있나요?"

부부는 없다고 대답했다.

스톤은 부부에게 성공 인사들의 경력을 말해주었다. 그들
은 자신이 무엇을 원하는지 정확하게 알았고 자기계발서를
읽은 후에는 책에서 가르쳐준 대로 행동했다. 첫걸음을 내디
딘 후 그들은 계속 노력했고 마침내 자신들이 추구하는 바를
이루었다.

스톤은 또 그들 부부에게 몇 년 전 본인이 직접 겪었던 일을
말해주었다. 1,500달러를 들여 할부로 120만 달러의 가치가
있는 새 집을 샀고 제때에 원리금을 상환하는 방식으로 잔금
을 다 지불했다는 이야기였다. 마지막으로 스톤은 그들에게
추천하는 책을 한 권 선물했다.

프랭크와 클로디아는 결심을 굳혔다. 그해 12월에 스톤이
집에서 쉬고 있는데 클로디아가 전화를 걸어왔다.

"방금 멕시코시티에서 미국으로 왔는데 가장 먼저 선생님
께 고맙다는 인사를 하고 싶어서 전화를 드렸어요."

스톤이 의아해하며 물었다.

"왜 저한테 고마워하는 거죠?"

"멕시코시티에서 가장 살기 좋은 곳에 집을 샀거든요."

며칠 후 클로디아는 스톤을 저녁 식사에 초대해 어떻게 된
일인지 설명했다.

▼

"토요일 밤이었어요. 집에서 쉬고 있는데 미국에 사는 친구가 전화를 했어요. 멕시코시티에 볼일이 있어서 왔는데 차로 어디까지 좀 데려가 달라고 하는 거예요. 그때 저희 부부는 막 일을 끝내고 몸이 많이 피곤한 상태여서 거절하려 했는데 문득 자기계발서에서 본 구절이 떠오른 겁니다. '첫걸음을 내디뎌라!' 그래서 저희 부부는 친구들을 차로 태워다 주기로 결정했지요. 그런데 친구가 가려는 곳이 바로 저희가 집을 사고 싶어 했던 그곳이었어요. 그곳에 도착해서 꿈에도 그리던 집을 보았어요. 저희가 그토록 갖고 싶었던 수영장까지 딸린 집이었어요. 그래서 저희는 그 집을 사버렸죠."

플랭크가 이어서 말했다.

"그 집의 가격이 최소 오십만 페소는 할 텐데 우리는 수중에 오천 페소밖에 없었지요. 그런데 사실 새로 산 집에 들어간 비용이 오히려 옛날 집에 살 때 드는 비용보다 더 적었어요."

"그건 왜죠?"

"저희가 산 집은 이층짜리 집이었어요. 그래서 저희 부부가 한 층을 쓰고 다른 한 층은 세를 주었어요. 그 월세로 집의 할부금을 충분히 갚을 수 있었지요."

사실, 이것은 그렇게 놀라운 이야기가 아니다. 큰 집을 사서 일부를 세놓고 그 월세로 원리금을 갚는 것은 아주 흔한 방법이다. 놀라운 것은 아무런 경험도 배경도 없고 심지어 자본금도 많이 없는 사람이 대가의 의견을 듣고 곧바로 행동에 옮겨 자신이 원하는 것을 얻었다는 점이다.

'탁상공론'에 능한 사람은 겉으로 보기에는 말이 청산유수에 아는 것이 많아 보이지만 결국 웃음거리에 그치고 만다. 니체의 명언을 가슴에 새겨라.

"지혜가 없는 지식은 아무 쓸모도 없지만 행동하지 않는 지혜도 아무 가치가 없다."

사고하는 것도 중요하지만 그보다 행동하는 것이 더 중요하다.

▼

좋은 언행 습관은
성공의 열쇠다

Nietzsche

__좋은 습관은 위대한 인생을 여는 열쇠다.__

니체는 말했다.

"좋은 습관은 인간의 신경계통에 맡겨놓은 도덕적 자본이며 이 자본은 끊임없이 가치가 오르고 사람들은 평생 그 이자를 누린다."

또 다른 철학자는 이렇게 말했다.

"행동의 씨를 뿌리면 습관이라는 열매를 수확하고, 습관의 씨를 뿌리면 성격이라는 열매를 수확하며, 성격이라는 씨를 뿌리면 운명을 수확한다."

습관은 사회에서 독립할 수 있는 토대이자 업무 효율과 삶의 질을 결정하고 나아가 성공 여부에 큰 영향을 미친다.

▼

한번은 노벨상 수상자 10여 명이 한자리에 모였다. 기자가 그중 한 과학자에게 질문했다.

"가장 중요한 것들을 어디에서 배운다고 생각하십니까?"

과학자는 대답했다.

"유치원입니다."

"유치원에서 어떤 중요한 것을 배웠습니까?"

"습관을 배웠습니다. 내 것이 아닌 물건을 함부로 가져가지 않는 습관, 물건을 나란히 놓는 습관, 잘못을 하면 바로 반성하고 고치는 습관, 꼼꼼하게 관찰하는 습관······."

결국 과학자의 이 말은, 한 사람의 성공은 어릴 때 들인 좋은 습관과 떼려야 뗄 수 없는 관계가 있으며 그것이 성공을 뒷받침하는 초석이라는 뜻이다.

작은 사업가 집안에서 태어난 벤저민 프랭클린은 형제자매가 10여 명이나 됐다. 집에 아이가 많은 데다 가정 형편이 좋지 않아 프랭클린은 2년만에 학업을 그만둬야 했다. 프랭클린은 형의 인쇄소에 견습공으로 들어갔다. 공부를 좋아하던 그는 인쇄소의 유리한 조건을 이용해 주경야독하며 열심히 공부했다.

스무 살이 되던 해에 그는 절제, 침묵, 징돈, 결심, 검약, 근면, 성실, 정의, 중용, 청결, 평정, 순결, 겸손 등 열세 가지를 삶의 원칙으로 정하고 습관처럼 익혔다. 그는 시종일관 이를 좋은 습관으로 체화해 나아갔고 마침내 큰 성공을 거두었다.

니체는 "좋은 습관은 위대한 인생을 여는 열쇠다"라고 말했다. 습관은 성격을 형성하고 성격은 인생을 결정한다. 좋은 공부 습관은 학업 성적을 높여주고, 좋은 생활 습관은 삶의 질을 높여주며 절호의 성공 기회를 가져다준다.

포드는 미국 자동차 산업이 세계시장에서 우뚝 서는 데 크게 기여했을 뿐만 아니라 미국의 국민경제에 큰 변화를 가져다주기도 했다. 바로 이 위대한 기업의 포드 회장이 회사에 채용된 계기가 놀랍게도 버린 휴지를 주운 것이라니, 믿기는가?

막 학교를 졸업한 포드는 자동차 제조 회사에 입사하려고 면접을 보러 갔다. 그러나 경쟁자들이 다 자신보다 학력이 높은 것을 보고 합격할 가능성이 낮겠다는 생각에 마음을 비우고 면접 순서를 기다렸다. 드디어 자신의 순서가 되어 회장 사무실로 들어가려고 하는데 문 앞에 휴지 한 장이 떨어져 있는 것을 발견했다. 그는 눈에 거슬렸기에 별 생각 없이 휴지를 주워 휴지통에 버렸다. 회장은 그의 행동을 다 지켜보고 있었다. 포드가 안으로 들어가서 "안녕하세요? 포드라고 합니다" 하고 인사하자 회장이 바로 "축하합니다. 포드 씨, 당신을 우리 회사의 직원으로 채용하겠습니다"라고 말했다. 무심결에 한 행동이 그에게 인생의 첫 번째 기회를 안겨준 것이었다.

니체는 말했다.

"매일 중복되는 작은 습관들이 만성병의 근원이 된다. 마음 속의 작은 습관과 마찬가지로 영혼의 건강과 질병을 가져다 줄 수 있다."

사람은 일단 좋은 습관을 형성하면 그것이 큰 재산이 되어 평생을 따라다닌다. 역사적으로 훌륭한 사람들을 보면 대부분 좋은 습관을 가지고 있었는데, 그것은 그들의 성공을 보장하는 중요한 요소였다. 그렇기에 절대로 좋은 습관의 작용을 등한시해서는 안 된다. 좋은 습관은 성공의 초석이 될 뿐만 아니라 인생 여정에서 기회의 문을 여는 열쇠가 될 것이다.

사람의 일생은
책임감으로 완성된다

Nietzsche

자신의 행동을 용감하게 책임지는 사람은 어려움 앞에서도 절대 물러서지 않고 기꺼이 무거운 책임을 맡아 최선을 다한다. 그는 행동으로 자신의 가치를 증명하고 행동으로써 자신의 명예와 지위를 얻어낸다.

남들보다 훨씬 뛰어난 성공 인사들은 모두 책임감이 투철하다. 니체는 말했다.

"강한 책임감은 사람을 더욱 돋보이게 한다. 그러니 절대로 책임을 회피하지 말라. 책임의 크기는 성공할 수 있는 가능성의 크기를 보여준다."

한 사람이 열심히 일을 할 수 있을지 여부는 무엇보다 그의 책임감에서 드러난다. 책임감이 없는 사람이 과연 성실한 태도로 일할 수 있을까? 성실하지 않으면 결국 실패의 쓴맛을 볼 수밖에 없다.

한 회사의 중간관리자인 잭슨은 어느 날 회사가 자신을 지방으로 출장 보내어 특정 업무를 처리하게 할 것이라는 소문을 들었다. 그 업무는 아주 골치 아픈 일이었기에 잭슨은 곧바로 휴가를 내버렸다. 그는 자기 대신 바로 밑의 부하 직원을 출장 보내기로 결정했다. 설령 문제가 생기더라도 자신은 책임을 지지 않아도 된다고 생각한 것이다.

과연 일은 잘 해결되지 않았고 경영진에서는 이 일에 대한 책임을 물었다. 그러자 잭슨은, 자신은 당시 휴가 중이었기 때문에 이 일의 구체적인 상황을 잘 모른다고 말했다. 모든 것은 부하 직원이 제멋대로 결정해서 처리한 것이라는 변명도 빼놓지 않았다.

하지만 경영진은 사건에 대한 심층조사를 진행했고 더불어 부하 직원의 설명을 듣고 나서 잭슨의 책임감에 의심을 품게 되었다. 결국 향후 또 유사한 일로 조직의 팀워크와 업무 효율에 영향을 미칠 것을 우려하여 잭슨의 직위를 강등시켰다.

마이크로소프트의 한 임원은 이런 말을 했다.

"동료와 상사들이 나를 품질 부서 담당자로 추천한 것은 내가 친구들과의 모임에서든 거리에서 낯선 사람의 대화를 들을 때든 수시로 보고 들은 '회사에 대한 의견'을 기록하기 때문이었다. 회사의 직원으로서 나는 우리 제품을 더 좋아지게 할 책임이 있고 회사 일을 내 일처럼 생각하기 때문에 회사 경영진과 동료들의 신뢰를 얻을 수 있었다."

사람들은 모두 자신의 영역에서 좋은 성과를 거두고 일정한 지위를 얻으며 더 나아가 핵심 인물이 되기를 바란다. 하지만 막 사회에 첫발을 내디딘 초년생들 중에는 지위를 추구할 줄만 알고 책임을 질 줄은 모르는 이가 많다. 이런 사람들은 핵심 인물이 될 수 없다. 어쩌다 핵심 인물이 되더라도 책임감이 없으면 점차 핵심적인 지위를 잃게 된다. 안타깝게도 많은 사람이 탁월한 능력을 가졌음에도 책임감이 없어서 일을 대충대충 처리해버린다. 결국 이렇다 할 성적을 내지 못하고 심지어 자주 실수를 저지르기도 한다. 이에 반해 어떤 사람들은 용감하게 중책을 맡고 몸과 마음을 다 바쳐 성심껏 소임을 다하여 개인의 지위를 지속적으로 높여가고 마침내 자신이 속한 영역에서 핵심 인물이 된다.

베버는 회사에서 창고관리직을 맡고 있는데 업무 내용은 매우 간단했다. 제시간에 불을 끄고 창문을 잠그며 방화 방범 업무를 하는 등 모두 사소한 일들이었지만 베버는 그 누구보다도 진지하고 성실하게 일에 임했다. 그가 창고 보관 업무를 맡은 후 1년 동안 단 한 번의 도난 사건도 발생하지 않았다.

어느 날, 갑자기 이상기후 때문에 광풍이 휘몰아치면서 탁구공만 한 우박이 쏟아져 많은 창문 유리가 파손되었다. 우박이 그치자 또 장대비가 퍼부었다. 이때 집에서 쉬고 있던 사장은 마음이 매우 불안했다. 창고에 갓 들여온 원자재가 있었기 때문이다. 혹시 우박에 창문 유리가 깨져서 원자재가 빗물에 젖기라도 하면 회사가 막대한 손실을 입을 것이었다. 사장은 곧바로 안전부서 담당자에게 전화를 걸었다.

"직원 몇 명을 데리고 공장에 가 긴급조취를 취하게. 나도 갈 것이네."

그들이 창고에 도착했을 때 창문의 유리가 우박 때문에 깨어졌고 빗물이 창문으로 들이쳤지만 원자재에는 이미 방수천이 꼼꼼하게 덮여 있었다. 그들을 더욱 놀라게 한 것은 온몸이 흠뻑 젖은 베버가 창문을 통해 들이치는 비를 맞으며 창문을 고치고 있는 모습이었다. 사장은 순간 안도의 숨을 내쉬었다. 그는 즉시 안전 부서 담당자가 데려온 직원들과 함께 베버를 도와 창문을 고치는 작업에 뛰어들었다.

일을 마친 후 사장이 베버의 손을 꼭 잡고 감사의 마음을 전하자 베버는 담담하게 말했다.

"해야 할 일을 했을 뿐입니다."

베버의 성실하고 책임감 있는 모습에 감동한 사장은 얼마 후 그를 창고 담당자로 발탁했다. 고참 직원들은 입사한 지 얼마 되지도 않았고 회사에 큰 기여를 한 것도 아닌 신참을 승진시킨 것을 이해할 수 없다는 태도를 보였다. 그들의 생각을 눈치챈 사장은 이렇게 말했다.

▼

"베버는 비록 입사한 지 얼마 안 되었지만 자신이 맡은 일을 충실히 했네. 지난번에 폭우가 왔을 때 창고에 나와 상황을 살핀 사람이 한 명이라도 있는가? 베버는 자신의 업무를 훌륭하게 완성했을 뿐만 아니라 자신의 책임 범위 밖의 일까지도 초과 완성했네. 그야말로 창고를 맡을 적임자이네!"

책임은 행동을 결정하고 행동은 지위를 결정한다. 높은 자리에 있으면 그만큼 큰 책임을 져야 한다. 책임감이 없는 사람은 조직의 핵심 인물이 될 수 없고, 책임감이 없는 관리자는 이미 얻은 지위도 잃을 수 있다.

잘못했다면
책임을 져라

Nietzsche

어떤 일을 망치고 싶다면 가장 교활한 방법은 일부러 궤변과 생억지로 그 일을 변호하는 것이다.

    현실에서 '잘못했다면 책임을 져라'는 성공의 법칙을 따르는 사람이 매우 적다. 일부 사람은 잘못을 한 후에 질책과 비난이 두려워서 어떻게든 잘못을 감추고 책임을 떠넘기며 자신의 잘못을 인정하지 않으려 한다. 성공하는 데 이런 행위는 금물이다. 만약 비교적 큰 잘못을 저질렀다면 분명 그 일을 아는 사람이 적지 않을 테고 당신의 변명과 발뺌은 오히려 반감과 미움을 사기 십상이다. 반대로 저지른 잘못이 그렇게 큰 문제가 아닌데도 굳이 변명하고 궤변으로 일관한다면 더더욱 상황이 악화될 것이다.

짐과 존스는 같은 회사에 지원했고 둘 다 우수한 성적으로 심사를 통과했다. 하지만 자리가 하나밖에 없어서 회사는 둘 중 한 명을 선택해야 했다. 회사에서는 둘에게 동시에 같은 일을 시키고 그 일을 가장 잘해낸 사람을 정규 직원으로 채용하기로 했다.

매니저는 두 사람에게 도자기 골동품 한 점을 부두에 가져다주라고 지시하며 아주 중요한 물건이니 조심 또 조심하라고 재차 당부했다. 그런데 부두로 가는 길에 차가 고장 났다. 짐은 곧바로 차에서 내려 도자기를 꺼내 들고 부두로 뛰어갔고 존스는 그의 뒤를 바짝 따랐다. 그런데 도자기를 안고 달리던 짐이 마주 오는 사람과 부딪혀 그만 도자기를 땅에 떨어뜨리고 말았다. 도자기는 산산조각이 났고 짐과 부딪힌 사람은 둘이 넋을 잃고 있는 사이에 도망쳐버렸다.

존스와 짐은 도자기를 깨뜨린 것이 무엇을 의미하는지 잘 알고 있었다. 회사로 돌아온 후 존스는 매니저의 사무실로 가서 전후 사정을 상세히 보고한 뒤 매니저에게 말했다.

"매니저님, 도자기는 짐이 실수로 깨뜨렸습니다. 제 잘못이 아닙니다."

매니저는 차분하게 말했다.

"고마워요. 잘 알았습니다."

짐도 매니저의 사무실로 가서 전후 사정을 설명하고 "이 일은 제 과실입니다. 제가 책임을 지겠습니다"라고 말했다.

다음 날 매니저는 두 사람을 사무실로 불렀다.

"두 사람 모두 매우 훌륭하지만 회사는 둘 중 한 명만을 선택할 수밖에 없습니다. 우리는 논의 끝에 짐을 최종 채용하기로 했습니다."

"이유가 무엇입니까?"

존스가 물었다.

"용감하게 책임을 질 줄 아는 사람은 믿을 수 있지요. 사실 짐이 먼저 도자기를 안고 달렸다는 것은 그가 감히 책임을 지겠다고 나섰음을 의미합니다. 누구도 비싼 골동품이 자기 손에서 깨지는 것을 원치 않지요. 또한 문제가 발생한 후 두 사람은 서로 다른 반응을 보였지요."

매니저가 말했다.

"짐을 채용하기로 한 것은 나의 결정이 아니라 사장님의 결정이었어요."

매니저의 말이 끝나기 바쁘게 그의 사무실 안쪽에 있는 방에서 한 사람이 나왔다. 그는 바로 짐과 부딪히고 나서 도망간 사람이었다. 그는 짐에게 다가와서 손을 내밀었다.

"우리 회사의 직원이 된 것을 축하하네, 젊은이."

성공으로 향하는 길에서 누구나 실수할 수 있다. 하지만 실수를 했으면 용감하게 잘못을 인정하고 책임을 져야 한다. 그렇게 할 때 사람들의 환영을 받을 수 있다. 자발적으로 잘못을 인정하면 동료나 상사에게 책임을 떠넘기지 않고 책임을 지는 고상한 성품을 보여줄 수 있다.

어느 날, 컴퓨터 매장 판매 직원인 하비는 실수로 200만 원이 넘는 고가의 노트북을 100만 원에 고객에게 판매했다. 이런 실수를 저지른 직원을 회사에서 가만둘 리가 없고 분명 곧바로 해고당할 터였다.

같이 일하는 동료가 하비에게 일을 만회할 방법을 알려줬다. 고객을 찾아가서 차액 100만 원을 받아오든가, 일이 시끄러워지는 게 싫으면 자기 돈으로 몰래 100만 원을 채워 넣어도 된다는 것이었다. 그야말로 아무도 모르게 조용히 일을 해결할 방법이었다. 하지만 하비는 한참을 고민한 끝에 먼저 매니저를 찾아가 자신의 실수를 이실직고하기로 결정했다.

"미쳤어? 그러면 바로 잘리고 말 거야!"

동료가 극구 말렸지만 하비는 결심을 바꾸지 않았다.

퇴근 시간이 되자 하비는 미리 준비한 봉투를 들고 매니저의 사무실로 찾아가서 말했다.

"매니저님, 죄송합니다. 제가 오늘 실수로 회사에 백만 원의 손해를 입혔습니다. 제 실수를 부끄럽게 생각합니다. 그리고 여기 백만 원은 회사가 손해를 본 금액입니다. 받아주십시오. 이 일로 저를 해고하신다면 기꺼이 받아들이겠습니다."

매니저는 하비를 한참 동안 쳐다보더니 물었다.

"정말 당신 돈으로 그 손해 금액을 메울 생각인가요?"

"네, 그렇습니다. 고객님께 연락해서 차액을 받을 수도 있지만 그렇게 할 이유가 없습니다. 제가 가격을 잘못 계산했고 이는 온전히 저의 잘못이기 때문에 제가 모든 책임을 지는 게 합당하다고 생각합니다. 또한 그렇게 차액을 받아낼 경우 회사 평판에도 좋지 않습니다!"

자진해서 잘못을 인정하고 책임을 지는 하비의 행동에 매니저는 크게 감동했다. 그는 하비를 해고하지 않고 계속 매장에서 근무하게 했다.

몇 년 후, 하비는 매니저가 됐다.

스스로 잘못을 인정하는 것은 능동적으로 임무를 맡는 것과 마찬가지로 책임감을 보여주는 행위다. 어떤 잘못 때문에 부정적인 결과가 나올까 봐 더 큰 실수를 저지르는 우를 범해선 안 된다. 무조건 잘못을 감추거나 책임을 회피하려고 한다면 오히려 일이 걷잡을 수 없이 복잡해질 것이다.

니체는 말했다.

"일이 생각대로 되지 않는 책임을 환경이나 다른 사람에게 떠넘긴다면 이는 자신의 책임을 잊은 것이며 엄청난 착오가 아닐 수 없다."

솔직히 잘못을 인정하면 이해받지 못하는 위험을 무릅써야 하지만 책임을 떠넘기면 경멸의 눈빛을 감당해야 한다. 더 중요한 것은 잘못을 인정하면 만회할 기회라도 있지만 잘못을 숨기고 책임을 회피하면 바로잡을 기회를 영원히 잃게 된다는 것이다. 자신의 잘못에 기꺼이 책임져야만 사람들의 신뢰와 존경을 얻을 수 있다.

성공하려면 차일피일 미루지 말고 즉시 행동하라

Nietzsche

세상에, 당신의 비이성적이고 난폭한 성미를 끝도 없이 받아주고 절제 없이 화내고 소리 지르는 것을 이해하며 툭하면 발끈하는 성격을 참아줄 사람은 아무도 없다. 그것을 죽어도 고치지 않는다면 가장 최악의 결말이 당신을 기다릴 것이다.

니체는 말했다.

"분노는 다른 사람에게 화를 내는 것처럼 보이지만 사실 가장 큰 피해를 보는 사람은 바로 자신이다."

많은 철학자가 분노가 인생을 좌우하게 하면 절대 안 된다고 경고했다. 피타고라스는 "분노는 멍청함으로 시삭해서 후회로 끝난다"라고 말했다. 반드시 자신의 감정을 잘 통제하고 쉽게 분노하지 말아야 한다.

끝없이 펼쳐진 사막에서 낙타 한 마리가 힘겹게 걸어가고 있었다. 낮이라 태양이 불덩어리처럼 대지를 뜨겁게 달구었고 낙타는 배고프고 목마른 데다 더위에 지쳐서 점점 초조해졌다.

곧 낙타의 초조함이 극에 달했을 때 도자기 조각이 낙타의 발에 밟혔다. 낙타는 순간 불에 기름을 끼얹은 것처럼 화가 머리끝까지 치밀어서 발을 들어 도자기 조각을 힘껏 차버렸다. 그러자 오히려 도자기 조각에 발바닥이 베어 큰 상처가 났고 피가 줄줄 흘러 발밑의 모랫바닥을 흥건히 적셨다.

발을 다친 낙타는 절뚝거리며 계속 앞으로 걸어갔고 피가 흐를수록 점점 힘이 빠졌다. 피비린내를 맡고 쫓아온 독수리 떼가 낙타가 죽은 후에 포식하겠다며 낙타의 머리 위를 맴돌았다. 겁에 질린 낙타는 아픈 몸을 이끌고 있는 힘을 다해 앞으로 내달렸다. 그러나 거의 사막의 변두리에 도착했을 때 과다출혈에 피로까지 겹쳐 그만 쓰러지고 말았다. 죽기 전 낙타는 이렇게 한탄했다.

"왜 작은 도자기 조각 하나 때문에 그렇게 화를 냈을까?"

낙타는 도자기 조각에 발을 베어서 죽은 것이 아니다. 낙타를 죽인 진짜 범인은 바로 분노의 감정을 조절하지 못한 낙타 자신이다. 이런 일은 실생활 속에서도 아주 흔하게 볼 수 있다. 작은 오해 때문에 절교하거나 무심코 입버릇처럼 내뱉은

육두문자 때문에 서로 치고받는 등의 일이 비일비재하다.

성질이 아주 나쁜 남자아이가 있었다. 아버지는 아들의 성질을 고쳐주기 위해 그에게 못 한 자루를 주면서 성질이 날 때마다 뒷마당의 울타리에 못을 하나씩 박으라고 말했다.

첫째 날, 아이는 못을 37개나 박았다. 하지만 시간이 지나갈수록 못의 숫자가 점점 줄어들었다. 자신의 성질을 통제하는 것이 못 박는 것보다 쉽다는 생각이 들었기 때문이다. 그리고 마침내 아이는 더 이상 인내심을 잃거나 함부로 화를 내지 않게 되었다. 아이가 이 일을 아버지에게 말하자 아버지는 이제부터 자신의 성질을 잘 통제했을 때마다 못을 하나씩 뽑아내라고 말했다.

하루하루 지나갔고 마침내 아이는 아버지에게 울타리에 박았던 못을 전부 다 뽑았다고 말했다. 아버지는 아이의 손을 잡고 뒷마당으로 갔다.

"아주 잘했다. 그러나 울타리에 박힌 구멍들을 보아라. 이 울타리는 이제 영원히 원래의 모습을 회복할 수 없단다. 네가 화를 낼 때 한 말들은 여기 이 못처럼 흉터를 남기게 된단다. 만약 네가 칼을 들고 다른 사람을 찌른다면 나중에 수천수만 번 사과를 한다고 해도 그 상처는 영원히 사라지지 않을 것이다. 말이 주는 상처는 진짜 칼에 찔린 상처와 똑같이 감당할 수 없는 아픔을 가져다준단다."

▼

화가 날 때 흔히 일의 본질을 제대로 파악하지 못해 행위가 과격해지면 그로 말미암아 평생 되돌릴 수 없는 결과를 초래하고 만다! 하지만 니체는 분노를 통제할 수 있다고 믿었다.

"분노는 일시적인 충동이며 자유롭게 통제할 수 있다. 화를 표출하는 것은 사람들에게 성격이 급하고 욱한 인상을 준다. 그러나 분노를 다른 방식으로 표출하거나 화를 억제하여 천천히 사라지게 할 수도 있다. 분노와 같은 충동 외에 다른 감정과 기분도 마찬가지다. 우리는 마치 정원의 화초를 가꾸고 나무의 열매를 수확하듯이 그것들을 자유롭게 처리하고 통제할 수 있다."

즉, 자신의 기분을 잘 통제하여 먼저 흥분과 분노를 가라앉히고 마음을 평온하게 하여 마침내 분노가 완전히 사라지게 하는 것이다.

쉽게 화를 낸다든지 작은 감정들을 반복해서 나타내는 부정적인 정서는 인간의 성장을 가로막는다. 성공하고 싶다면 더더욱 자신의 감정을 잘 통제해야 한다. 사람들은 흔히 마음속으로 쉽게 포기가 안 되는 것들 때문에 서로에게 큰 상처를 주곤 한다. 만약 나부터 너그러운 마음으로 사람을 대한다면 분명 생각지 못한 뜻밖의 결과를 만나게 될 것이다. 남에게 창문을 하나 열어주면 자신도 그 창문을 통해 더 넓은 하늘을 볼 수 있다.

▼

우유부단해서는
성공할 수 없다

Nietzsche

우유부단은 사람으로 하여금 어떤 일에 대해 실망하게 하고 벌을 강제로 자신
에게 전가시킨다.

성공의 여부는 우선 '할 줄 아는지 모르는지'에 달렸고, 할
줄 알고 나면 '하는지 안 하는지'에 달렸으며, 하고 나면 또 그
일이 '즐거운지 아닌지'에 달렸다. 성공은 100미터 달리기와
같다. 스타트를 잘하느냐 못하느냐가 금메달을 따느냐 못 따
느냐를 가른다. 니체의 성공학에서는 이런 금메달 획득 능력
을 '당장 행동하는 것'이라고 부른다.

전설적인 판매왕 톰 홉킨스는 평균적으로 매일 집 한 채를
팔아치운다. 이 영업 기록은 오랫동안 아무도 깨지 못하는 전

설이 되었다.

어느 날, 한 사람이 그에게 물었다.

"이렇게 큰 성공을 거둘 수 있었던 비결이 무엇인지 알려줄 수 있을까요?"

"당장 행동하라!"

그는 대답했다.

"어려움에 부딪혔을 때 어떤 방식으로 처리했는지 알려주시겠어요?"

"당장 행동하라!"

그는 웃으며 대답했다.

"만약 나중에 사업이 발전의 한계에 부딪히면 어떻게 그 한계를 해결해야 할까요?"

"당장 행동하라!"

그는 여전히 웃으며 대답했다.

당장 행동하라! 성공 비결을 묻는 질문에 톰 홉킨스의 대답은 이 한마디밖에 없었다. 하지만 이것이 바로 성공 비결이 틀림없다. 다만 이 비결을 활용할 줄 모를 뿐이다.

니체는 "인생은 흔히 속도전과도 같으며 시간은 더없이 소중하다. 만약 남보다 먼저 행동하지 못하면 곧 남에게 뒤처진다"라고 말했다.

니체의 철학은 당시 '행동철학'으로 불리며 개인의 요구와 욕망을 최대한 발휘하도록 하겠다고 주장한 철학이었다. 그의 철학은 모든 것을 멸시하고 비판하는 기세를 갖고 있다. 이는 그의 철학이 포스트모더니즘의 찬양을 받은 이유이기도 하다.

포스트모더니즘은 전통철학과 현대철학에 대해 거부와 비판 또는 해체의 태도를 일관했지만 니체의 철학에 대해서만큼은 각별한 애정을 보였다. 포스트모더니즘은 니체의 철학에서 그들이 필요한 모든 것을 흡수했으며 거기에는 니체철학의 기본 사상 내지는 양식까지도 포함한다. 니체철학의 '해체' 성향은 포스트모더니즘의 정신적 기둥이 되었으나 니체는 자신이 포스트모더니즘의 지적 선구자가 되리라고는 상상도 못했을 것이다.

많은 성공 인사가 '당장 행동하라'를 가장 효과적인 성공의 법칙을 꼽고 있다. 즉, 행동과 속도가 성공의 관건이다. 성공하고 싶다면 해야 할 일을 차일피일 미루지 말고 당장 행동해야 한다.

1923년 알프레드 슬로언이 GM 사장이 되었다. 슬로언은 용감하게 도전하는 실업가형 경영자로, 장기적인 안목과 통찰력을 바탕으로 과감하고 신속하게 일 처리를 하는 게 특징이었다. 그는 소비자들의 다양한 수요를 충족시키기 위해 사장 부임 직후 곧바로 신제품 개발에 착수했다.

당시 디트로이트에는 미국 최대의 자동차 회사인 포드가

있었고 헨리 포드의 아들 에드셀 포드가 사장직을 맡고 있었다. 젊은 기업가 특유의 예민함으로 슬로언의 혁신 의지를 감지한 에드셀은 엔지니어들과 같이 새로운 모델 T 자동차를 설계했다. 에드셀은 흐뭇한 마음으로 신차를 헨리에게 보여주었지만 고집스러운 헨리는 이를 받아들이지 않았다.

기존의 모델 T는 '염가형 소형차'로 불리며 미국인들의 큰 사랑을 받았다. 헨리에게 모델 T는 자신이 창조한 신화이자 자신의 꿈을 실현해주는 매개체였다. 모델 T에는 자신의 눈부신 성공 역사가 담겨 있었기에 헨리는 모델 T에 그 어떤 도전도 용납할 수 없었다. 헨리는 분노에 찬 목소리로 아들에게 말했다.

"모델 T는 아주 잘 팔리고 있고 나는 당분간 신차를 개발할 생각이 없다. 나중에 다시 보자."

헨리의 분노는 아들을 눌러앉힐 수는 있었지만 GM의 슬로언을 막을 수는 없었다. 1925년 GM은 신모델 쉐보레를 출시했다. 신차 출시 당해에 포드의 시장점유율은 기존의 57퍼센트에서 45퍼센트로 대폭 감소했고 이듬해에는 다시 40퍼센트 이하로 떨어졌다.

에드셀은 회사의 매출이 급감하는 상황을 더 이상 두고만 볼 수 없었다. 그런데 당장 신차 개발을 시작하려면 반드시 헨리의 동의를 받아야 했다. 에드셀은 완곡한 말투로 회의록을 작성하여 포드 회장에게 제출하며 신차 개발 문제를 논의하

고자 했다. 회의록을 읽고 난 헨리는 아들이 공손한 말투와 찬
양으로 자신의 비위를 맞추고 있지만 그 속에는 자신에 대한
극도의 불만이 들어 있음을 눈치챘다. 그래서 에드셀이 유럽
으로 출장과 휴가를 떠난 틈을 타 그를 해임시키고 회사에서
내쫓았다.

포드의 신차 개발 계획은 또다시 기약 없이 보류됐다.

하지만 제아무리 고집불통인 헨리도 모델 T의 판매량이 급
격하게 줄어드는 상황을 무시할 수는 없었다. 결국 그는 가격
을 내리는 방법으로 소비자의 구매를 유도했다. 하지만 소비
자의 입맛은 이미 변했고 할인 판매는 예전처럼 큰 효과를 보
지 못했다. 포드의 이 조치는 모델 T의 판매량 급감을 막기에
역부족이었다.

더 이상 신차 개발을 미룰 수가 없다는 것을 헨리도 인정하
지 않을 수 없었다. 그는 다시 기술 인력을 동원하여 새로운
모델의 자동차 개발에 착수했다. 1927년 10월, 새로운 모델 A
자동차가 생산라인을 떠나 시장경쟁에 뛰어들었다.

하지만 때는 이미 늦었다! GM은 신모델 쉐보레의 판매 호
조에 힘입어 포드 자동차의 소비자를 대부분 흡수했고 절묘
한 시간차 공격으로 보기 좋게 한판승을 거두었다. 신차 개발
시기를 차일피일 미루다 결국 죄적의 타이밍을 놓쳐버린 의
사결정은 헨리의 성공적인 인생에서 가장 심각한 실수였으며
그동안 힘들게 점유한 시장을 상대방에게 두 손으로 갖다 바

친 꼴이 되어버렸다.

　지식과 기술, 능력, 좋은 태도와 성공 방법을 다 갖추었음에도 성공하지 못하는 경우가 많은데 그것은 행동이 신속하지 못해서일 가능성이 높다. 결정을 미루는 것은 기회를 잃는 것이니, 당장 행동해야만 성공의 기회를 손안에 꽉 잡을 수 있다. 그 어떤 핑계도 이유도 찾지 않고 절대 일을 미루지 않는 사람만이 성공의 여신의 사랑을 받을 수 있다. 손발을 빠르게 움직여 지금 당장 시작하라. 그래야만 기회를 꽉 잡고 성공할 수 있다.

행동해야
성공할 수 있다

Nietzsche

잠시도 멈추지 않고 행동해야만 자신을 더 강하게 만들고 자신의 능력을 무한대로 높일 수 있다.

니체가 강의 중에 학생들에게 이런 질문을 던졌다.

"여러분 중 진정한 철학자가 되고 싶어 하는 사람이 몇 명이나 있을까요?"

학생들은 앞다투어 손을 들고 철학자가 되고 싶다는 의사를 표시했다.

니체는 학생들을 한번 쓱 둘러보더니 얼굴에 미소를 머금은 채 교재를 가방에 집어넣으며 말했다.

"여러분이 모두 다 철학자가 되고 싶다 한다면 내가 해줄 수 있는 말은 딱 한마디뿐이네요. 바로 집으로 돌아가서 사고

하세요!"

말을 마친 그는 교실을 나가버렸다.

'철학자가 되고 싶다면 지금 당장 사고하라.'

이는 지극히 중요한 말이다. 만약에 어떤 일을 하고 싶은데 행하지 않으면 영원히 그 일을 이루지 못할 것이다.

사람들은 자신이 어떤 일을 하고 싶은지에 대해 자신의 능력으로 능히 감당하지 못할까 봐 늘 망설이며 결단을 내리지 못한다. 이런 자신감 결핍과 열등감은 많은 이에게서 드러나는데, 막상 직접 그 일을 해보면 생각했던 것처럼 어렵지 않은 경우가 많다.

사람들은 항상 미래를 두려워한다. 하지만 행동하지 않으면 영원히 자신의 잠재력을 발견할 수 없다.

미국의 심리학자 윌리엄은, 일반인들은 평생 본인 능력의 10퍼센트밖에 사용하지 못하며 나머지 발굴할 수 있는 잠재력이 90퍼센트나 된다고 주장했다. 구소련의 학자인 이반도 인간은 거대한 잠재력을 갖고 있다 믿었다. 그는 이렇게 말했다.

"만약 두뇌의 오십 퍼센트만 가동해도 사십여 가지의 언어를 습득할 수 있고 교과서를 처음부터 마지막까지 통째로 달달 외울 수 있으며 수십 개 대학의 교과 과정을 다 완성할 수 있다."

잠재력은 행동 속에서 끊임없이 발굴되기 때문에 상상 단계에만 머물러 있으면 그것은 탁상공론에 불과하며 아무런 쓸모가 없다. 그런데 인간은 다 타성이 있고, 이는 사람들이 환상 속에서 성공을 꿈꾸는 중요한 원인이다.

타성은 사람들의 행동을 가로막고 사람들을 타락의 온상에 눕혀서 점점 잠재력을 발굴할 기회를 잃게 한다. 어떻게 하면 자신의 타성을 극복할 수 있을까? 행동이 유일한 방법이다. 머릿속에 어떤 생각이 떠올랐을 때 그것을 실현하기에 얼마나 힘든지를 따지지 말고 일단 행동해야 한다. 첫발을 내디디면 이 아이디어를 현실로 만드는 것이 어느 정도 힘든 일인지 절실하게 느낄 수 있다. 나아가 적극적으로 문제 해결의 방법을 모색하고 끊임없이 자신의 능력을 높이게 한다.

그렇다. 행동은 인간의 잠재력을 발굴할 수 있지만 행동의 작용은 그것만이 아니다. 행동은 사람에게 자신감을 키워주고 역전승의 전기를 마련해준다.

14세기 때 무굴제국의 황제가 전투에서 패하고 돌아와 버려진 마구간에 혼자 숨었다. 그의 마음속에는 실패에 대한 두려움으로 가득 차 있었다. 이때 개미 한 마리가 자기 몸집보다 몇 배나 큰 옥수수 알맹이를 입에 물고 어렵게 벽을 타고 기어가는 모습이 눈에 들어왔다. 옥수수 알맹이가 너무나 무거워서 개미는 여러 번 떨어졌지만 그래도 포기하지 않고 계속 위로 기어올랐다. 그리고 마침내 개미는 옥수수 알맹이를 놓치지 않은 채 담벼락 위에 있는 개미굴로 들어갔다. 이 모습을 본 그는 벌떡 일어나며 크게 소리쳤다.

"개미도 하는 것을 내가 왜 못한단 말인가?"

그는 다시 전열을 가다듬고 출격하여 끝내 승리를 거두었다.

19세기 영국에서도 이와 비슷한 일이 있었다. 영국 장군은 몇 번의 전투에서 잇달아 패배하며 자신감을 완전히 잃었다. 어느 날 또 전투에서 패배한 장군은 혼자 근처 농가에 숨어 있었다. 이때 그의 눈에 거미줄을 치고 있는 거미 한 마리가 보였다. 거미는 비바람 속에서 열심히 거미줄을 치고 있었는데 몰아치는 비바람 때문에 거미줄이 계속 망가졌다. 그러나 거미는 낙담하지 않고 열심히 실을 뿜어냈고 마침내 거미줄을 완성했다. 그것을 본 장군은 큰 용기를 얻었고 나라의 운명을 가르는 마지막 전투에서 승리를 거두었다. 그가 바로 워털루 전투에서 나폴레옹을 격파하고 대승을 거둔 웰링턴 장군이다.

거미이든 개미이든 그들의 행위는 어쩌면 본능 때문이겠지만 그것이 사람들에게 큰 힘을 안겨준 것만은 확실하다. 잇따른 실패 후에도 행동해야만 실패를 승리로 바꿀 기회를 창조할 수 있고 실패로 인해 무너진 자신감을 되찾을 수 있다.

행동이 성공의 가장 근본적인 보장이라는 점은 의심의 여지가 없다. 모든 성공은 공중누각이 아니다. 그것은 우리의 머릿속에 존재하고 있고 우리는 그것을 현실화해야 한다.

▼

니체는 말했다.

"성공은 마음속의 청사진으로서 우리가 벽돌 한 조각 한 조각씩 쌓아올려 현실로 만들어내야 한다."

당장 행동하는 것은 자신에게 성공의 기회를 주는 것이다. 성공을 추구하는 길에서 행동은 수많은 좌절과 고난을 이겨내고 새로운 자신을 발견하게 하며, 길을 나설 때의 두려움을 잊고 성공 여정의 아름다운 풍경을 만끽하게 한다.

이해득실에 일희일비하면
결국 아무것도 얻지 못한다

이해득실에 일희일비하는 것에는 약이 없다. 그것은 그대를 죽음으로 내모는 적과 같아서 그대의 아름다운 인생을 심각하게 위협하고 인생에 대한 그대의 진실한 생각을 포위 속에서 파멸하게 한다.

세상에서 가장 불쌍한 사람은 바로 이해득실에 일희일비하는 사람이다. 우유부단한 사고 때문에 그 어떤 일도 감히 결정하지 못하고 그 어떤 책임도 지지 못한다. 그들은 일을 결정한 후에 결과가 좋을지 나쁠지 몰라서 끊임없이 망설인다.

또 어떤 사람들은 자신의 결정을 의심하고 자신이 내린 결정에 대해 책임을 져야 할까 봐 두려워하며 특히 자신의 결정이 아주 큰 역할을 할 수 있음을 감히 믿지 못한다. 이에 대해 니체는 "이해득실에 일희일비하는 습관은 본인이 설계한 아름다운 인생을 수포로 만든다"라고 말했다.

    1882년 4월, 니체는 마이젠부크 부인과 친구 레이의 초대를 받아 로마에 여행을 갔다. 그곳에서 두 사람은 총명하고 매력적인 러시아 소녀 루 잘로메를 니체에게 소개시켜주었다. 니체는 루 잘로메를 깊이 사랑하게 되었고 루 잘로메도 니체의 독특한 개성에 끌렸다. 두 사람은 함께 루체른으로 여행을 떠났다. 니체는 루 잘로메에게 어린 시절 이야기를 들려주었고 철학에 대해 이야기했다. 그러나 수줍음 많은 성격 때문에 계속 망설였고 감히 사랑을 고백하지 못했다. 고민 끝에 니체는 친구인 레이에게 자기 대신 루 잘로메에게 프러포즈를 해달라고 부탁했다. 레이도 루 잘로메를 사랑하게 됐다는 사실은 꿈에도 모른 채 말이다. 루 잘로메는 두 사람 누구의 사랑도 받아들이지 않았다. 결국 두 사람은 여전히 우정을 유지했다. 그런데 둘의 우정을 질투한 니체의 여동생 엘리자베트가 일부러 헛소문을 퍼뜨려 두 사람 사이를 이간질했다. 결국 둘은 서로 반목하여 원수가 되었다. 겨우 5개월 만에 니체의 인생에서 행복했던 작은 에피소드가 그렇게 끝나고 말았다.

    어쩌면 바로 그 망설임 때문에 니체는 평생을 혼자 살게 된 것일지도 모르겠다. 그의 전철을 밟지 않으려면 강한 결단력을 키우려고 노력해야 한다. 문제가 나타나면 당장 진상을 파악해 해결을 위한 결정을 내려야 한다. 결정을 내리지 못하고 머뭇거리다가 기회를 놓쳐서는 안 된다. 중대한 일을 처리할 때는 결단하기 전에 먼저 다방면의 조건을 고려하고 이성으로 질문을 해결하여 최후의 결정을 해야 한다. 그리고 일단 어떻게 할지 결정을 내렸다면 다시 생각을 바꾸지 말고 주저하지도 말아야 한다. 그렇지 않으면 모든 노력이 다 수포로 돌아갈 것이다.

에인절은 어려서부터 성격이 나약하고 자기 주관이 없으며 우유부단한 데다 이해득실에 일희일비하여 같은 반 친구들로부터 신임을 받지 못했다. 친구가 밥을 사겠다고 하면 그때부터 에인절의 고민이 시작된다. 가자니 친구가 돈을 많이 쓸까 봐 걱정되고, 안 가자니 친구가 화낼까 봐 걱정됐다. 이렇게 작은 일 하나로도 이랬다저랬다 끊임없이 고민하고 결국 친구한테 "가기 싫은 것이 아니라 할 일이 있어서 못 가는 것이다"라고 핑계를 댄다. 친구가 모르는 수학 문제가 있어서 물어보면 가르쳐줘야 할지 말아야 할지 고민한다. 가르쳐주면 친구가 자신을 앞지를까 봐 걱정되고 가르쳐주지 말자니 친구가 자신을 무능하다고 비웃을 것 같다. 그래서 친구가 몇 번이나 물어보는데도 안다고도 모른다고도 말하지 않는다. 그녀는 바로 이런 사람이었다.

한번은 선생님이 에세이 숙제를 내주었다. 에인절은 글을 쓰고 고치고 또 쓰고 고쳤다. 아무리 봐도 무언가 부족한 것 같아서 잠자기 전에 다시 꺼내서 한두 군데 고친 후에야 잠자리에 들었다. 아침에 일어나서 그녀는 또 숙제를 꺼내어 고쳤고 학교에 가서 숙제를 제출하기 전에 또 한 번 고쳤다. 드디어 숙제를 선생님에게 제출했는데 또 마음에 들지 않는 구절이 생각나서 다시 교무실로 달려갔다.

이런 우유부단한 성격 때문에 에인절은 친구들의 신뢰를 얻기 힘들었고 주변 사람들은 그녀를 불쌍하게 여겼다. 지금까지도 그녀는 아무런 성과도 이루지 못한 채 하루하루를 무의미하게 살아가고 있다.

우유부단하고 이해득실에 일희일비하는 사람들은 이런 약점 때문에 성공의 기회를 놓친다. 성공하려면 선제공격이 중요하다. 그것들이 우리의 사상을 점령하지 못하도록 먼저 해결하고 없애버려야 한다. 지금부터 결단력 있게 행동하고 사고하는 습관을 키워야 한다. 이해득실에 일희일비하는 부정적인 감정을 극복하여 강한 결단력으로 성공적인 내일을 완성해야 한다.

사람들은 총명하고 유능하며 결단력 있는 사람에게 두터운 신뢰를 보내며 친구가 되거나 협력 파트너가 되고 싶어 한다. 반대로 그렇지 못한 사람은 남들의 신뢰를 얻기 힘들고 심지어 미움의 대상이 되며 누구도 가까이하거나 함께 일하기를 꺼린다. 언제나 우유부단하고 일희일비하는 사람과 함께 일을 하면 손바닥 뒤집듯이 쉽게 변하는 그가 또 언제 생각을 바꿀지 몰라서 늘 불안할 수밖에 없다.

결단력 있게 행동하는 습관을 키워라. 일단 결정을 하면 쉽게 바꾸지 말고 자신에게 뒤로 물러설 여지를 주지 말아라. 그렇게 하면 스스로에게 자신감을 북돋아줄 수 있을 뿐만 아니라 다른 사람들의 신뢰도 얻을 수 있다.

결단력이 초기에는 잘못된 결정을 내리게 할 수도 있지만 자신감과 자존감을 높여줄 수 있으며 이것으로 잘못된 결정이 가져다주는 손실을 충분히 보상할 수 있다.

일단 머뭇거리는 사고 습관이 생겨버리면 일상생활 속에서 결단력을 발휘하지 못하기 때문에 당연히 사업에서도 실패할 수밖에 없다. 결정을 내릴 때 망설이는 이유는 자신의 결정이 옳은지 틀린지 확신이 없기 때문이다. 온갖 변수와 가정을 들어 고민하면서 결정하지 못하고 또 자신의 결정이 실패를 초래할까 봐 두려워하는데, 그럴수록 부와 행복을 얻을 기회는 멀어져간다.

이상으로 가는
인생길을 찾아라

Nietzsche

이상만 있어서는 안 된다. 반드시 먼저 자신만의 방법으로 이상으로 가는 길을 찾아내야 한다. 그렇지 않으면 행동은 이리저리 떠다니며 갈 곳을 찾지 못한다.

니체의 이 말은 이상만 있어서는 아무 소용 없고 반드시 이상을 현실로 만드는 올바른 길을 찾아내서 실천해야 한다는 뜻이다. 그렇다. 누구나 마음속에 수많은 꿈을 갖고 있다. 꿈은 열정에 불을 지피는 횃불로써 사람의 무한한 잠재력을 자극할 수 있다. 하지만 상상만 하고 실천하지 않으면 환상의 미로에서 헤어나지 못한다.

실제로 많은 성공 인사가 고학력자가 아닌데, 그만큼 고학력자들이 꼭 성공하는 것은 아니다. 성공 인사가 성공하는 이유는 무엇일까? 사실, 이는 그들의 꿈을 대하는 태도 및 행위와 관련이 있다. 저학력자들은 실천을 더 중요시하고 목표를 이루기 위해 한 걸음 한 걸음 착실하게 꿈을 향해 매진한다. 하지만 일부 고학력자는 이론적 지식만 중요하게 생각하고 늘 단번에 최고의 경지에 오르려 한다. 이것은 개방적인 사회에서 매우 흔한 현상으로, 생각만 하고 행동하지 않으면 좋은 결과가 없다는 것을 보여주는 한 단면이기도 하다.

어느 철학자는 꿈이 사람을 하늘로 날아오르게 한다고 말했다. 꿈이 얼마나 위대한 힘을 갖고 있는지는 누구나 다 알고 있다. 그러나 꿈을 현실로 만드는 방법은 딱 하나밖에 없으니, 바로 행동이다. 하버드에서 어떤 교수가 학생들에게 이런 이야기를 들려주었다.

일본의 기업 샤프의 회장 하야카와 도쿠지는 텔레비전을 생산 판매하여 회사를 세계적인 일류기업으로 키웠다. 그는 어릴 적 아주 기구한 삶을 살았다. 그는 초등학교 2학년 때 아버지가 돌아가시고 하는 수 없이 보석 가게에서 허드렛일을 했다.

하야카와는 의지가 아주 강했으며 어릴 때부터 늘 자기 자신에게 "나를 아끼고 사랑해주는 어른이 없어도 꼭 열심히 살아서 성공하고 말겠다"라고 다짐했다.

보석 가게에서의 일은 매우 힘들었다. 하루 세끼 식사를 준비하고 아이를 돌보는 것 외에 힘을 쓰는 일도 했다. 시간은 빠르게 흘러 눈 깜짝할 사이에 4년이 흘렀다.

어느 날, 하야카와는 마침내 용기를 내어 사장에게 말했다.

"사장님, 저에게 보석 가공 기술을 가르쳐주세요."

그러자 사장은 벌컥 화를 냈다.

"어린 것이 뭘 할 줄 안다고? 정 배우고 싶으면 혼자 알아서 배우거라!"

생각해보니 그렇다. 다른 사람에게 기댈 필요가 없었다. 혼자 배우면 될 것을! 그날 이후 하야카와는 가게에서 사람들의 보석 가공 모습을 유심히 관찰했고 특히 사장이 곁에서 일을 도우라 할 때마다 최대한 많이 보고 듣고 생각하려 노력했다. 그는 피나는 노력으로 보석 가공 기술과 지식을 조금씩 습득하게 되었다.

하늘은 스스로 돕는 자를 돕는다고 했던가. 하야카와는 머리가 총명하고 눈치가 빠른 데다가 배움에 대한 열정이 있고 부지런하여 일을 배우기 시작한 지 얼마 지나지 않아 가시적인 성과를 거두었다. 그는 18세 때 멜빵에 쓰는 금속집게를 발명했고 22세 때는 샤프 자동연필을 발명했다. 샤프 자동연필은 당시 사람들에게 큰 사랑을 받으며 선풍적인 인기를 거두었다. 그는 이러한 발명 후 보석 가게 사장의 금전적 지원을 받아 작은 공장 하나를 설립했다. 30세 때 목표한 천만 엔을 모은 그는 트랜지스터 계산기 생산에 관심을 돌려 전자기기 제조업체 샤프를 설립했다.

하야카와는 어떻게 성공할 수 있었을까? 바로 바닥부터 시작해서 하나하나 배워나가며 꿈을 실천에 옮겼기 때문이다. 유능한 사업가, 훌륭한 선생님, 유명한 음악가 등등 사람들에게는 저마다 꿈이 있다. 그러나 이상은 망상이나 환상과 다르다. 확실하고 실현 가능한 목표를 세우고 착실히 진지하게 행동에 옮겨야만 자신의 꿈에 가깝게 다가갈 수 있다.

또한 꿈이 아무리 원대하더라도 당장 눈앞에 있는 작은 일에서부터 시작해야 한다. 꿈은 큰 목표이며 우리가 당장 해야 할 것은 바로 매일 작은 목표 하나씩을 완성해나가는 것이다. 큰 목표를 향해 한 걸음 한 걸음 다가가고 그렇게 한 걸음씩 가까워질 때마다 기쁨과 열정과 자신감이 더 커지고 두려움은 조금씩 사라진다. 그래서 더욱 성실해지고 긍정적인 사고가 긍정적인 깨달음으로 한 단계 승화하면 그때는 그 어떤 일도 성공을 가로막지 못한다.

벼락부자가 되거나 하룻밤에 스타가 된 경우를 종종 보는데, 자세히 살펴보면 그들의 성공이 결코 우연이 아님을 알 수 있다. 세상에 쉬운 성공은 없다. 그들은 자신의 꿈을 실현하기 위해 일찍부터 심혈을 기울여 튼튼한 기초를 마련해놓은 것이다. 반대로 어떤 사람들은 웅대한 포부와 야망을 갖고 반드시 큰 사업을 이루겠다고 맹세하지만 평생 아무런 성과도 없이 대충대충 살아간다. 이러한 차이가 생기는 이유는 바로 '행동' 때문이다.

주위의 작은 일에서부터 시작하여 실천한다면 생각지도 못한 기회가 찾아올 것이다. 자신의 이상을 다음과 같이 구체적으로 그려보아라.

'나는 현재 무엇을 갖고 있는가? 무슨 일부터 시작해야 삶에 긍정적인 변화를 이끌어낼 수 있을까?'

모든 꿈의 실현에는 경험과 노력의 축적이 필요하다. 작은 노력이 쌓이고 쌓여서 성장과 진보를 이루어내기 때문이다. 지금부터 자신에게 가장 적합하고 현실에 부합하는 꿈을 세워라. 그렇게 할 때 무한한 잠재력을 이끌어내어 인생의 목적을 달성할 수 있다.

잠들기 전에 읽는 니체

초판 1쇄 인쇄 | 2024년 1월 2일
초판 1쇄 발행 | 2024년 1월 24일

지은이 | 예저우
옮긴이 | 정호운
펴낸이 | 박찬욱
펴낸곳 | 오렌지연필
주 소 | 경기도 고양시 덕양구 삼원로 73 한일윈스타 1422호
전 화 | 031-994-7249
팩 스 | 0504-241-7259
이메일 | orangepencilbook@naver.com
본 문 | 미토스
표 지 | 강희연

ⓒ 오렌지연필

ISBN 979-11-89922-46-7 03100